Maria Hof-Glatz   Wie kitzle ich den Tiger, wenn er knurrt?

Maria Hof-Glatz

Wie kitzle ich den Tiger, wenn er knurrt?

So knackt frau den Hierarchie-Code

orell füssli Verlag AG

© 2008 Orell Füssli Verlag AG, Zürich
www.ofv.ch
Alle Rechte vorbehalten

Dieses Werk ist urheberrechtlich geschützt. Dadurch begründete Rechte, insbesondere der Übersetzung, des Nachdrucks, des Vortrags, der Entnahme von Abbildungen und Tabellen, der Funksendung, der Mikroverfilmung oder der Vervielfältigung auf anderen Wegen und der Speicherung in Datenverarbeitungsanlagen, bleiben, auch bei nur auszugsweiser Verwertung, vorbehalten. Vervielfältigungen des Werkes oder von Teilen des Werkes sind auch im Einzelfall nur in den Grenzen der gesetzlichen Bestimmungen des Urheberrechtsgesetzes in der jeweils geltenden Fassung zulässig. Sie sind grundsätzlich vergütungspflichtig.

Umschlagabbildung: © Pando Hall/Getty Images
Umschlaggestaltung: Andreas Zollinger, Zürich
Druck: fgb • freiburger graphische betriebe, Freiburg

ISBN 978-3-280-05275-4

Bibliografische Information der Deutschen Bibliothek:
Die Deutsche Bibliothek verzeichnet diese Publikation in der Deutschen Nationalbibliografie; detaillierte bibliografische Daten sind im Internet über http://dnb.d-nb.de abrufbar.

Inhalt

1 **Zur Einleitung – die Berufswelt als männliches Terrain** 11
   Ankunft im Aus-Land 16

2 **So wird Mann zum Mann** 19
   Die Mär vom «starken Max» 19
   Der Männlichkeitswahn 20
       Zum Mann wird man erst gemacht … 22
       Weiblichkeit ist attraktiv 23
       Mit den Fäusten auf die Brust getrommelt … 24
       Wenn cool nicht mehr cool ist … 25
   Wie Bilder von Männern und Frauen in unsere Köpfe eingepflanzt werden 26
       Sensibelchen im Wolfsgewand – oder die Angst der Männer 28
       Indianer kennen keinen Schmerz 29
       Girlipower und Softies 31
       Die Sehnsucht nach Aufmerksamkeit 32
       Der kleine Unterschied und seine großen Folgen 33
       Gefühle in der Hierarchie 34
       Sex im Büro macht niemanden froh 35
       Zusammenfassung 36

3 **So funktioniert das hierarchische System** 38
   Hierarchie als Herrenausstatter 40
   Unausgesprochene Geheimnisse in Hierarchien 43
       Jeder steht mit jedem in Konkurrenz 44
       Statusorientierung statt Persönlichkeit 45
       Was der Machtinhaber so alles darf 46
       Wie erhalte ich meinen Status 47

«Kann die denn das?» 48
Verhalten in Hierarchien 50
    Was Frauen und Männern wichtig ist 50
Orientierung im hierarchischen Dschungel 53
    Was alle sehen 53
    Darüber spricht man nicht – geheime Regeln 54
So läuft das – Rituale 55
    Merkmale von Ritualen 57
Ob Blaumann oder Zweireiher – Berufsrituale 59
Vereine und Militär – die Trainingslager der Männer 66
Zusammenfassung 67

4 Der Hierarchie-Code 70
Warum Männer sich größer und Frauen
sich kleiner machen 70
    Kommunikation als Selbstinszenierung 71
    Konkurrenzstil und Sozialstil 75
    Die Konkurrenzsprache 75
    Beziehungssprache 76
Zusammenfassung 77

5 Die Sprache der Hierarchie – Indirektheit 80
Indirektheit bei Frauen 82
    Direktheit bei Frauen 83
Indirektheit bei Männern 83
    Direktheit bei Männern 87
Indirektheit als Machtindikator 89
Wird der Bote ermordet? 91
Indirektheit bei Zusagen 94
So wird indirekt kommuniziert 94
    Fragen 94
    Das Schweigen der Männer 99
Zusammenfassung 103

6 So verhalten Sie sich in Hierarchien 105
So verhalten Sie sich im Kollegenkreis 106
   Kollegiales Verhalten in Abwesenheit des Chefs 108
   Kollegiales Verhalten in Anwesenheit des Chefs 109
   Das Verhalten gegenüber dem Chef,
   wenn keine Kollegen dabei sind 110
Das Verhalten von Frauen 111

7 Das Potenzial – eine Frage der Ehre 115
Wie «Mann» zur Macht kommt 117
   Was ist Macht? 117
   Soziale Macht und persönliche Macht 118
   Inoffizielle Machtgefüge 122
   Männlichkeit als Macht 123
   Die Moralkeule: Die Macht der Schwachen 123
Statussymbole 124
Wie Sie Macht nutzen 127
   Netzwerke: Warum Sie andere brauchen 129
Zusammenfassung 130

8 Wie Frauen nach oben kommen 132
Das Glasdachphänomen 132
Einstieg zum Aufstieg 133
Erfolgsvoraussetzungen: Organisationsintelligenz 137
Machtkompetenz 141
   Legitimation zur Machtausübung 143
   Erkennen Sie die Machtquellen 144
   Welche Ziele haben Sie? 144
   Was tun bei Misserfolg und Niederlagen? 147
   Schauplätze der Macht 149
   Techniken der Macht richtig einsetzen 152
   Machtkämpfe erfolgreich bestehen: Die Diamantenanalyse 155
   Statusanalyse: Wo stehen Sie? 157
   Beziehungsanalyse 158

Branding – bauen Sie Ihre «Ich»-Marke auf!   159
Machtvolle Gedanken – Ihre mentale
Programmierung   160
Standing – Machttechniken einsetzen   161
    Ressourcen   162
Zusammenfassung   163

9 Empowerment – alles, was Sie stark macht   165
Ihr Wissen   165
Ihre Strategien   166
    Strategien, um Aufmerksamkeit zu erhalten   167
    Strategien des Bedeckthaltens   169
    Strategien der Durchsetzung   170
    Strategien, die Sie durchschauen müssen   171
    Win-win-Situationen in Verhandlungen
    statt Durchsetzung eigener Interessen   172
Zusammenfassung   173

Bibliografie   175

Dank   176

Wie aber die Frauen einer Sozialisationsarbeit unterworfen werden, die auf ihre Herabsetzung und Verneinung zielt, so sind auch die Männer Gefangene der herrschenden Vorstellung, die gleichwohl so perfekt ihren Interessen entspricht.

Pierre Bourdieu

Das Spiel

Wer gegen die Spielregeln
Verstößt, genießt nicht
Mehr den Schutz des Spiels.

Zu fragen, wer die Spielregeln
Festgesetzt hat,
Verstößt gegen die Spielregeln.

Zu fragen, wer die Spielregeln
Von Zeit zu Zeit ändert,
Verstößt gegen die Spielregeln.

Zu fragen, um was das Spiel geht,
Verstößt gegen die Spielregeln.

Zu fragen, was auf dem Spiel steht,
Verstößt gegen die Spielregeln.

Zu fragen, wie man aus dem
Spiel scheiden darf,
Verstößt gegen die Spielregeln.

Sich gegen das Spiel zu regeln,
Ist der Tod.

Erich Fried, aus: Am Rande unserer Lebenszeit.
Wagenbach, Berlin 2000.

1

Zur Einleitung – die Berufswelt als männliches Terrain

Auch zu Beginn des 21. Jahrhunderts hat sich eins nicht geändert: Ganz nach oben kommen Frauen im Beruf nur selten. Ein einfacher Rundblick zeigt, dass sie in Geschäftsführungen, Verwaltungs- und Aufsichtsräten in der Regel bestenfalls exotischen Status haben. Die amerikanische Geschäftskultur hat dafür ein treffendes Bild gefunden: Immer dort, wo es um Behinderungen geht, die keine sachlichen wirtschaftlichen Begründungen oder Erklärungen haben, spricht man von der «Glass Ceiling», der Glasdecke, die zwar transparent wirkt, merkwürdigerweise aber die unterschiedlichsten Personengruppen auf dem Weg nach oben undurchlässig ist. Woran liegt das?

Die Frage ist nicht einfach zu beantworten. Die eine Erklärung ist, dass die Erwartungen, die an Männer gestellt werden und die Männer an sich selbst stellen, überzogen sind. Sie überfordern Männer und verführen Frauen zu Fehlverhalten.

Wer hat diese Erwartungen an die Männer gestellt?

Gute Frage – niemand wirklich direkt. Es sind traditionelle Modelle, Denkkonzepte, die von Generation zu Generation in Gesellschaften weitergegeben und wenig reflektiert werden. Zwar gibt es Entwicklungen und Veränderungen. Aber die erfolgen sehr langsam, weil der Ballast des Gewohnten, des traditionell Unreflektierten uns daran hindert, das Neue zu erfragen.

Die Mär vom starken Mann ist eine Herausforderung, der ich Männer selbstverständlich stellen. Männlichkeitskonzepte dulden kein Schwächeln, keine Klagen. Männlichkeitskonzepte beanspruchen die Kontrolle über die Gefühle. Männliche Wortkargheit verleitet Frauen zur Unterstellung, Männer hätten keine Gefühle oder seien zumindest emotional reduziert.

Das Imponiergehabe des starken Helden, Machers und Retters wird oft nur gestützt durch die Rolle des Ernährers und Geldverdieners. Mit dieser Ressource nehmen sich Männer das Sagen und die Kontrollmacht. Doch diese Äußerlichkeiten sind keine Hinweise auf die Selbstsicherheit einer gereiften, stabilen Persönlichkeit. Männer verleihen sich Sicherheit, indem sie sich hierarchisch positionieren, im Beruf, während der Freizeit oder als Familienoberhaupt – Hauptsache Häuptling, wenn auch nur am Stamm(es)tisch.

Männer brauchen und lieben Hierarchien. Diese Organisationsform gibt ihnen Sicherheit durch ihre Strukturen, Regeln und Rituale. Diese haben die Funktion einer unsichtbaren Rüstung: Sie schützt, wirkt stark und lässt abprallen.

Hierarchien sind Kulturformen, die Regeln für das Verhalten vorschreiben in der Form eines Verhaltenscodex und auch Besonderheiten in der Kommunikation aufweisen: den *hierarchischen Code*.

Was ist unter einem Code zu verstehen?

Der Begriff bezeichnet im allgemeinen Sprachgebrauch meist einen geheimen Code, der zur Verschlüsselung von Botschaften verwendet wird. Codes dienen dem Informationsaustausch. Die Information existiert dabei nicht in «reiner» Form, sondern ist durch technische Bedingungen und andere Anforderungen verschlüsselt. Diese Verschlüsselung dient zum einen der Vereinfachung der Übermittlung von Nachrichten (zum Beispiel SOS als Notrufzeichen), zum anderen aber auch dem Verbergen von Informationen. Nur wer den Code kennt, also den Zugang zur Verschlüsselungsmethode hat, kann die Information abrufen. Der «Schlüssel» beinhaltet Kenntnisse des Systems und ist einer begrenzten Menge von Menschen zugänglich. Codes sind auch Bestandteile bestimmter Kulturen. Zum Beispiel bedeutet das Nicken mit dem Kopf bei uns ein «Ja», in Griechenland dagegen «Nein».

Neben Codes, die sich auf ein sprachliches System beziehen, gibt es auch Regeln, die das Verhalten bestimmen, der Verhaltenscodex. Dadurch sind bestimmte Verhaltensweisen vorgeschrieben und akzeptiert, andere dagegen ausgeschlossen. Auf diese Art entwickelt sich eine Zugehörigkeit zu einer Gruppe. Die Mitglieder erkennen am Verhalten, wer dazugehört, wer dazugehören möchte, indem er sich anpasst, und wer nicht dazugehört – Mitglieder konservativer studentischer Verbindungen definieren sich auch durch ihre Rituale.

Frauen, die die hierarchische Kultur nicht kennen und von der Empfindlichkeit der Männer im Beziehungs- und Persönlichkeitsbereich nichts ahnen, sind verführt, die «aufgerüsteten» und vermeintlich starken Männer zu attackieren. Sie machen es dort, wo ihre Stärken liegen: im persönlichen Bereich, kommunikativ und wortgewaltig.

Der Held taumelt innerlich, die Hierarchie stützt ihn und die Solidarität der verängstigten Kollegen ist ihm sicher. Eine Frau, die sich nicht an hierarchische Gepflogenheiten hält oder sich verbal zu direkten Auseinandersetzungen verstiegen hat, wird durch Blockaden und Ausschluss bestraft – fachlich gut zwar, aber gefährlich. Frau weiß dann zwar nicht, wie ihr geschieht. Ist der starke Max ein schwacher Willi? Auf diese Idee kommt sie gar nicht. Es muss an ihr liegen. So verunsichert, wird sie keine Lust mehr auf Karriere haben und auch keine Chancen. Und die Männer fühlen sich auch wieder wohler, wenn sie unter sich bleiben dürfen.

Diesen Kreislauf gilt es zu unterbrechen. Frauen müssen wissen, wie Männer und ihre Systeme funktionieren. Das ist die Voraussetzung, um Akzeptanz vor allem im Berufsleben zu erhalten. Diese ist die Grundlage dafür, dass Leistungen anerkannt und auch gewürdigt werden. Und Männer müssten dann nicht weiter einem Konzept folgen, mit dem sie sich selbst schädigen.

Das Berufsleben ist männliche Kultur und als solche befremdlich für Frauen. Hierarchien sind streng ordnende Systeme. Ränge, Regeln und Rituale sind Kulturformen der «heiligen Ordnung» der Männer. Sie regeln, strukturieren, isolieren, blockieren. Aber in erster Linie geben sie Sicherheit, weil die wichtigste Regel besagt, dass sich alle an die Regeln halten müssen. Wer das nicht beachtet, muss das System verlassen.

In hierarchischen Systemen kann nur wenig Unberechenbares passieren. Für Männer ist das gut. Für Frauen ist es wenig nachvollziehbar. Für neue Entwicklungen ist dieses System ein Bremsklotz.

Hierarchien sind formal und streng reguliert. Es gibt viele Rituale, die Frauen sinnlos erscheinen, weil sie das System und seine verbindlichen Regulierungen nicht verstehen. Es ist nicht ihre Kultur. Für die meisten Männer bietet dieses System große Vorteile. Es ist berechenbar und schafft dadurch Sicherheit. Ausbrüche sind nicht möglich. Wer gegen das System verstößt, schließt sich aus.

Das System lebt von der Solidarität derer, die im System und mit ihm leben.

Dieses Buch stellt dar, was im Berufsleben trennend zwischen Frauen und Männern steht. Es zu lesen ist der Beginn eines *Cross-Culture*-Trainings. Hier wird das hochsensible Verhalten von Männern in Hierarchien beschrieben und das Fehlverhalten der Frauen erklärt, von denen Männer wie Frauen im Allgemeinen glauben, dass sie die Sensibilität als weibliche Stärke für sich gepachtet haben.

Männlichkeitskonzepte werden mit Dominanz und Stärke und damit mit direktem und konfrontativem Verhalten verbunden. Frauen gehen davon aus, dass sie, um mithalten zu können und Akzeptanz zu erhalten, sich ebenso verhalten müssen.

In diesem Buch erfahren Sie, welche Ungeschicklichkeiten von Frauen ausgelöst werden, weil sie Männer überschätzen und/oder die männlich geprägte Berufskultur nicht kennen. Und manchmal – auch das gibt es – haben Frauen auch keine Lust, um der Macht und Dominanz willen ihre weiblichen Werte aufzugeben. Männer sind zwar die Norm im patriarchalen System, aber das bedeutet nicht, dass ihr Verhalten normal ist.

Das Buch beschreibt das Männlichkeitskonzept und macht damit Männer im hierarchischen Verhalten durchschaubar und berechenbar.

So können Sie Verhaltensregeln in Erfahrung bringen und Strategien entwickeln, um mit Männern zu kooperieren oder, wenn erforderlich, auch zu konkurrieren, um, falls erwünscht, die eigene Karriere zu gestalten.

Oder wollen Sie sich Ihren eigenen Karriereast abschneiden? – Sicher nicht. Dann studieren Sie diese Gebrauchsanweisung für Männer in Hierarchien. Schließlich lesen Sie auch die Gebrauchsanweisung einer Motorsäge, um sich nicht ins eigene Fleisch zu schneiden – oder etwa nicht?

«Die Frau hat das Recht, das Schafott zu besteigen, sie muss gleichermaßen auch das Recht haben, die Tribüne zu besteigen.» Diese Forderung der französischen Frauenrechtlerin Olympe de Gouges (1748–1793) ist berechtigt. Anzumerken ist, dass ihr auf dem Weg zum Schafott der Scharfrichter und seine Gehilfen beistehen, während sie den Weg zur Tribüne allein gehen muss.

Frauen gehen davon aus, dass sie weiterkommen und Karriere machen, wenn sie fachlich gut und engagiert sind. Dieses Denken entspricht weiblicher Logik. Aber wir befinden uns im Patriarchat. Das Berufsleben ist männliche Kultur. Weibliche Logik ist noch Zukunft!

Ankunft im Aus-Land

Wenn Frauen ins Berufsleben einsteigen, kommt das mit der Ankunft im Aus-Land gleich, und das im doppelten Sinne: Für einige geht es nach dem missglückten Einstieg ins «Aus», für die meisten ist die herrschende Kultur eine fremde Kultur, vergleichbar der eines fremden Landes. Das bemerken sie nicht sofort. Denn zunächst sind «die Damen» in der Regel willkommen, da sie ausgewählt und auf eine Stelle gesetzt wurden.

Frauen können in der Regel auf beste Zeugnisse verweisen, sie bringen gute Leistungen und engagieren sich. Aber je mehr sie sich engagieren, umso weniger Akzeptanz treffen sie an. Die Kollegen, meist Männer, sind in «Hab-Acht-Haltung»: Mal sehen, was da kommt…»

Das verunsichert. Schließlich wollen Frauen das schaffen, was bisher kaum gelungen ist. Sie wollen Erfolg haben und Karriere machen, mitreden, mitgestalten. Sie wollen «ganz nach oben», endlich die Hürden für Frauen nehmen, von denen immer die Rede war. Die Frauengeneration vor ihnen hat immerhin schon gute Arbeit geleistet: Seit einer Regelung aus dem Jahr 1976 sind Frauen in Deutschland nicht mehr gezwungen, ihre Ehemänner um Erlaubnis zu bitten, wenn sie arbeiten wollen.

Aber so ganz glatt läuft das nicht. Während der Ausbildung herrschte eine Atmosphäre des freundlichen Förderns. Studierende und Auszubildende, die gute Abschlüsse machen, geraten zur Ehre des Vorgesetzten. Sie sind keine Konkurrenz für ihn. Das ändert sich nun, mit der Belegung eines Arbeitsplatzes auf der Führungsebene. Hier geht es um die berufliche Zukunft, die mit wenigen Positionen an der Spitze verbunden ist. Männer wissen in der Regel darum. Sie wissen auch, dass sie mit allen anderen konkurrieren. Das hat Akzeptanz, und wenn sie gewinnen, ist das schon in Ordnung; schließlich belebt Konkurrenz das Geschäft und gestaltet die Atmosphäre kämpferisch. Frauen, die bisher Förderung erfahren haben, verstehen nicht mehr, was nun abläuft.

Je mehr sich frau in die Arbeit stürzt, umso merkwürdiger wird das Klima. Der Chef ist noch okay – klar, das ist schon mal wichtig. Aber die Kollegen sind reserviert und wirken nicht besonders kollegial. Das hatte frau sich ein wenig anders vorgestellt. Sie wollte Akzeptanz haben, denn sie bringt sich ja voll und ganz ein. Sie erbringt Leistung und provoziert Konkurrenz. Im Berufsleben ganz normal. Aber frau wollte Anerkennung, nicht Wettkampf, der gelegentlich mehr Kampf als Wetten ist. Sie will sich nicht unbedingt gegen andere durchsetzen, sondern durch sie gefördert werden. Sie will ja nichts geschenkt, sie erarbeitet es sich. Das große Missverständnis beginnt, und sie fühlt sich benachteiligt.

Frauen sollten den Männern gleichgestellt sein. Es gibt dazu Gesetze, es gibt Quotenfrauen, aber dennoch funktionieren noch andere, unsichtbare Gesetze. Die Gleichstellung scheint schwierig zu verwirklichen. Was sind die Gründe? Sind die Männer besser? Sind sie Platzhirsche und lassen Frauen nicht in ihr Berufsrevier? Kämpfen die Frauen zu wenig oder zu viel? Oder wollen sie nicht, sind sie einfach zu «dämlich», wie dies eine Journalistin behauptete?

Gleichberechtigung bedeutet nicht, dass Frauen und Männer gleichgestellt sind. Vielmehr wird ihre Ungleichheit rechtlich ignoriert. Gesetzlich und damit theoretisch haben Frauen Anspruch auf Gleichstellung. In der Realität findet sich kaum jemand, der sich für die rechtliche Umsetzung starkmacht. Die rechtliche Gleichstellung bedingt noch keine politische Verwirklichung. Sie könnte die Voraussetzung sein, aber zur Umsetzung braucht es Frauen und Männer, die die Umsetzung wollen. Den Männern den «schwarzen Peter» zuzuschieben, wenn die Umsetzung nicht klappt, wäre oberflächlich, denn leider sind Frauen auch in der Politik nicht mit Mehrheiten vertreten, wo diese Umsetzung vollzogen werden müsste. Dabei haben die Frauen beim Wählen die Mehrheit!

Niemand klagt dagegen, dass Frauen etwa 20 bis 30 Prozent weniger verdienen. Interessant dagegen ist, dass die Feminisierung zum Beispiel an Kindergärten und Schulen neuerdings durchaus ein Thema für Männer ist. Es zeigt, dass die Wahrnehmung vieler Männer ähnlich sensibel funktioniert wie die der Frauen, vorausgesetzt, sie sind selbst von Benachteiligung betroffen.

Erstaunlicherweise achten Männer pingelig auf Ausgewogenheit und Sachlichkeit, wenn Frauen Ansprüche erheben. Aber immer, wenn sie nicht selbst Betroffene sind, nehmen sie es mit dieser Ausgewogenheit nicht mehr so genau. Achselzuckend ertragen sie gelassen Diskriminierungen, die sie nicht berühren.

Es ist für die meisten Männer und für viele Frauen immer noch gewöhnungsbedürftig und nicht selbstverständlich, dass die Richtung im Staate von einer Frau vorgegeben wird. Die deutsche Politikerin Angela Merkel war als Platzhalterin in unangenehmen Zeiten vorgesehen. Sie zeigte ein unberechenbares Verhalten, indem sie darum kämpfte, erste deutsche Bundeskanzlerin zu werden, und sich hier durchsetzte – mit intelligenten Strategien, die ihr niemand zugetraut hatte. Auch das Handeln und Verhalten der Schweizer Bundesrätin und ehemaligen Bundespräsidentin Micheline Calmy-Rey ist in ihrer Heimat Gegenstand heftiger Diskussionen. Machtpositionen zu erlangen und zu besetzen ist für Frauen immer noch schwieriger als für Männer. Zum einen, weil an Frauen nach wie vor andere Rollenerwartungen gestellt werden und sie selber in der Rollenkonfusion stecken, zum anderen, weil Frauen auch falsche Erwartungen an Männer haben.

2

So wird Mann zum Mann

Die Mär vom «starken Max»

Frauen haben ein Männlichkeitskonzept verinnerlicht, das sie dazu verführt, Männer zum einen zu unterschätzen, zum anderen aber auch zu überschätzen und zu überfordern. Vor allem das Schwächeverhalten der Männer wird in der Regel unterschätzt, denn ihre Stärken sind oft durch das patriarchale System begünstigt. Männer sind in Wirklichkeit nicht so robust, wie sie sich geben.

Die These, dass Männer die Starken und Durchsetzungsfähigen sind und die Frauen die Unterlegenen, ist eine Scheinwahrheit. Sie verleitet Frauen zu falschen Strategien und damit zu Fehlverhalten, das sich vor allem im Berufsleben für sie benachteiligend auswirkt.

Frauen und Männer trennt nicht nur der kleine Unterschied. Sie orientieren sich auch an total unterschiedlichen Werten. Die Umgebung, die Kultur und die damit verbundene Sozialisierung tragen dazu bei, dass sich ein geschlechtsspezifisches Rollenverhalten ausprägt, das auch geschlechtspezifisch festgelegte Rollenerwartungen nach sich zieht. Oft ist den Einzelnen gar nicht bewusst, welche unbewussten Haltungen sie festlegen.

In unserer männerdominierten Kultur bedeutet das, dass männliche Werte die Norm sind.

Weibliches Verhalten wird aus der Perspektive des Mannes

bewertet und im Beruf nicht selten abgewertet. Wenn das männliche Verhalten als Maßstab gilt und Männer die Definitionsmacht besitzen, dann befinden sich Frauen im Nachteil. Die Akzeptanz, die Männer allein durch ihre Geschlechtszugehörigkeit haben, müssen sich Frauen erst erarbeiten. Das ist anstrengend. Oft strengen sich Frauen derart an, dass sie den Blick für das Wesentliche verlieren. Das patriarchale System orientiert sich am Mann, weil er den Menschen schlechthin präsentiert. Wenn die Normierung am Mann ausgerichtet wird, dann ist alles Weibliche nicht so gut, weil nicht männlich.

Untersuchungen weisen nach, dass Männer Frauen als Chefinnen besser akzeptieren können, wenn ihr noch ein Mann vorgesetzt ist.

Beispiel:
Als sich in einer kleineren Gemeinde eine Frau als einzige Kandidatin neben drei Männern zur Wahl stellte und mit großer Mehrheit gewählt wurde, war das ein Ereignis, über das gesprochen wurde. Eine kleine Gemeinde hatte eine Frau als Bürgermeisterin gewählt! Hätte einer der männlichen Mitbewerber gewonnen, wäre es keine Besonderheit gewesen. Für die unterlegenen Männer war dies ein schwerer Schlag, das sie nicht verbergen konnten, weil die berühmte emotionale Kontrolle in diesem Zusammenhang zu wünschen übrig ließ. Gegen Männer zur verlieren geht ja noch. Aber gegen eine Frau, das ist kein Bruderkampf, das ist Bloßstellung! Es ist depotenzierend – in jeder Hinsicht.

Der Männlichkeitswahn

Frauen wachsen oft auf mit dem Konzept im Kopf, dass Männer stark, belastbar, schmerzunempfindlich und wenig sensibel seien. Als kleine Mädchen beobachten sie umtriebige Jungen, die Rangordnungen abklären und Kraftspiele machen. Nach der Pubertät sind die Jungen zu ihrer körperlichen Größtform ausgewachsen, und das unbewusste Konzept ist bestätigt und verstärkt sich. Oft ist es natürlicherweise so, dass Männer von Kraft und körperlicher Konstitution her den Frauen überlegen sind.

Auch wenn von Macht die Rede ist, sind Gedanken an Männer nicht fern, denn sie gelten traditionell als Machtinhaber. Sie wirken mächtig, was nicht bedeutet, dass sie stark sind. Es ist bekannt, dass gerade schwächelnde Persönlichkeiten gern auf Machtpositionen gieren, um geschützt zu sein. Hier sind sie stark, weil das hierarchische System sie stützt. Sie brauchen dieses System, um zu überleben.

Schaut frau allerdings genauer hin, gibt es einige Fakten, die auf Schwächen des vermeintlich starken Geschlechts hinweisen.
- Die Säuglingssterblichkeit ist bei Jungen wesentlich größer und sie sind als Kleinkinder empfindlicher als Mädchen.
- Das Männerhirn, das zwar etwas mehr Masse aufweist, arbeitet anders, weniger komplex als das Frauenhirn. Es ist weniger stark vernetzt, was die Wissenschaft dem Männlichkeitshormon Testosteron zuschreibt. Frauen sind besser in der Lage, in verschiedenen Ebenen zu denken, Männer reagieren meist linear, und es geht strikt nur eines nach dem anderen.
- Männer brauchen mehr Zeit und reagieren langsamer. Positiv gewertet, könnte dieses Verhalten als Bedächtigkeit gedeutet werden. Tatsache ist, dass es mit einem Männerhirn nicht anders geht.

Aber auch soziale Indikatoren deuten darauf hin, dass es mit Sachlichkeit und Stärke bei Männern nicht weit her sein kann.
- Neueste Zahlen belegen, dass junge Frauen unter den Studenten die Mehrheit bilden.
- Jungen sind an Haupt- und Sonderschulen überrepräsentiert, bleiben auch öfter sitzen und gehen öfter als Mädchen ohne Abschluss von der Schule.
- Sie sind unfallgefährdeter als Mädchen und verletzen sich öfter tödlich. Auch unter Drogensüchtigen ist ihre Zahl höher.

- 90 Prozent aller Gefängnisinsassen sind Männer. Auffallend ist, dass über 20 Prozent ihrer Straftaten zwischen ihrem 14. und 21. Geburtstag begangen werden.
- Der Umgang der Männer untereinander ist aggressiver und rücksichtsloser, was sich deutlich in patriarchalen Gesellschaften in Afghanistan zeigt. Der Terrorismus des neuen Jahrtausends ist männlich geprägt. Der Anthropologe Lionel Tiger weist darauf hin, dass die Geschlechtszugehörigkeit zentral für die Mittel der Konfliktaustragung ist. Gewalt beim Austragen von Konflikten sei ein *männliches,* kein menschliches Problem.
- Die Selbstmordrate bei Männern ist fast dreimal höher als bei Frauen.

Zum Mann wird man erst gemacht …
Die Ablösung von der Mutter während der Pubertät ist für beide Geschlechter die Voraussetzung, um autonom zu werden. Dadurch entsteht die Geschlechtsidentität. Der Prozess verläuft bei Mädchen und Jungen ganz unterschiedlich. Mädchen werden in ihrem Verhalten während der Ablösung von ihren Müttern diesen unbewusst immer ähnlicher. Bei Unstimmigkeiten grenzen sie sich in bestimmten Details ab, indem sie Unterschiede schaffen. Aber die Grundübereinstimmung bezüglich der Geschlechtsidentität und des (Körper-)Gefühls herrscht vor. Es geht sogar so weit, dass sie Übereinstimmungen diesbezüglich als bestätigend empfinden. Anders bei Knaben. Wenn sich Jungen während ihrer Pubertät von ihrer Mutter distanzieren, um autonom zu werden und um in die Männergesellschaft eintreten zu können, steht ihnen in der Regel kein männliches Vorbild aus der eigenen Familie zur Seite, und Initiationsriten kennt unsere Kultur diesbezüglich nicht mehr. Die positive Identifikation mit dem Männlichen fehlt.

Da männlich in unserer Kultur als Gegensatz zu allem definiert wird, was weiblich ist, können die Jungen nur auf Rollenvorbilder in ihrer Umgebung oder aus den Medien zurückgreifen. Sie müssen ihre Geschlechtsidentität gegen die Mutter ausbilden – die Wandlung zum Mann ist als Ablehnung des Weiblichen definiert.

Die Ablösung gelingt besser, wenn Mütter souverän genug sind, ihre Jungen in ihrem Suchen und Probieren gewähren zu lassen, also sie loszulassen, sich bestenfalls als «Basisstation» bereitzuhalten, um Zuwendung auch in der (missglückten) Abwendung zu geben.

Da die Väter zu wenig präsent sind, schaffen sich die Jungen ein Konzept von Männlichkeit, das zunächst in allem besteht, was einen Kontrast zum bisherigen Weiblichen darstellt und dies auch verletzt. In der Regel sind das Distanziertheit, Kontrolle über Gefühle und andere Menschen, aggressives Verhalten, Härte und Konsequenz, Konzepte eben, die sie in ihrem Umfeld wahrnehmen. Wenn Väter präsent sind und ein gutes Verhältnis zu ihrer Partnerin pflegen, dann ist die Identitätsfindung leichter und authentischer.

Die Qualität des Beziehungsnetzes entscheidet über die gelungene Ausbildung der männlichen Geschlechtsidentität. Der Prozess stellt dar, dass Identitäten, die sich an Vorbildern orientieren, die wenig präsent und dadurch begrenzt nachprüfbar oder gar nicht real existent sind, immer unsicher bleiben werden.

Weiblichkeit ist attraktiv
Genau in dieser Zeit der Entwicklung des Männlichkeitskonzepts, das besagt, dass Männlichkeit das ist, was nicht weiblich ist und die Abgrenzung vom Weiblichen fordert, finden junge Männer großen Gefallen an jungen Frauen. Diese Faszination des weiblichen Geschlechts verursacht Irritationen. Nun gibt es sexuelle Regungen, die Erfahrung der emotionalen Überflutung, erneute Sehnsucht nach Nähe und Intimität. Das abgewehrte Weibliche ist schon wieder da in neuer Gestalt und attraktiver als zuvor.

Die Verwirrung ist groß. Das neue Konzept der Männlichkeit ist noch nicht gefestigt. Da entstehen erneut Trennungsängste, Intimsehnsüchte, Überflutungspaniken und das Bedürfnis, sich zu behaupten und abzuwehren. Das ist schwierig, und wenn die Partnerin diese Verunsicherungen spürt und sich zurückzieht, dann steht der Entschluss fest: so schnell nie wieder – und wenn doch, dann kontrolliert. Nie mehr verletzt werden und dazu noch Emotionen gezeigt haben. Neutralität und Sachlichkeit werden in Zukunft das Verhalten bestimmen und in Beziehungen eingebracht werden, und zwar kontrolliert.

In dieser Zeit der Unsicherheit, Hilflosigkeit und Verwirrung entwickelt, sich das Bedürfniss nach klaren, geregelten Verhältnissen. Da die Orientierung an inneren Maßstäben zu wenig entwickelt ist, müssen im Außen Zustände geschaffen werden, die zuverlässig sind. Hier gründet das männlich Engagement für Strukturen, Regeln und Kontrolle.

Mit den Fäusten auf die Brust getrommelt ...
«Die Identität des Mannes ist fragil, sein Selbstwertgefühl ist zerbrechlich», so beschreibt der Literaturwissenschaftler Dietrich Schwanitz seine Geschlechtsgenossen.

Unsicherheit und Ängste werden mit aufgeblasenem, angeberischem Verhalten überdeckt. In Kombination mit einer Machtposition wird der Unsichere, Ängstliche zum Despoten und fordert Respekt, Demut und absoluten Gehorsam.

Hierarchische Strukturen sind psychiatrischen Kliniken vergleichbar. Der Lebensstoff Macht stabilisiert. Spiele und Regeln halten die Balance und bieten Schutz und Sicherheit vor der Dynamik des spontanen Lebens. Dürrenmatt hat das in seinem Drama «Die Physiker» gut dargestellt.

Die schwächelnde Identität der Männer darf nicht aufgedeckt werden. Da ihr Innenbereich keine Orientierung bietet, konzentriert sich das Interesse auf das Außen. Das ist sicher, messbar nachprüfbar und einigermaßen beständig. Es ist also attraktiv, sich mit Konstruktivem zu beschäftigen. Das begrenzt sich nicht ausschließlich auf den technischen Bereich, sondern betrifft auch geistige Konstruktionen. Designer, Literaten, Künstler oder Regisseure erbauen sich in ihren Bereichen die Welt, die nach ihren Vorstellungen funktioniert und die sie kontrollieren. Das gibt ihnen Erschaffungsmacht, und sie werden zu Fanatikern in den Auseinandersetzungen mit anderen, wenn es um ihr Werk und ihre Sicht der Dinge geht.

Dabei machen sie sich vor, dass alles rational sei, eben werkbezogen, und sie nicht als Person betroffen sind. Sie wollen unpersönlich bleiben, und daher gelten ihre Emotionen ihrem Werk. Das wird Engagement genannt.

Von Michelangelo wird erzählt, dass er sich während der Ausmalung der Sixtinischen Kapelle nicht mehr pflegte. Er wusch sich nicht mehr, aß unregelmäßig und schlief in seinen Kleidern. Als er fertig war, war er vorzeitig gealtert. Dennoch, seine Leidenschaft galt seinem Werk. Personen hatten darin keinen Platz, auch nicht der Erschaffer des Werks. (Aus: Dietrich Schwanitz, Seite 127, siehe Bibliografie Seite 145).

Wenn es um das Werk oder den Beruf geht, dann findet Entpersönlichung statt. Sie erklärt das rücksichtslose Vorgehen und das Ausnutzen im Sinne der Sache. Da Persönliches nicht vorkommt, herrschen die Gesetze der Sache. Das erklärt, warum in hierarchischen Organisationen sich die Menschen nicht für das Menschliche interessieren. Es geht ausschließlich um ihr Funktionieren.

Wenn cool nicht mehr cool ist …

Durch auferlegte Selbstkontrolle wollen Männer cool erscheinen. Das gelingt – allerdings nicht auf Dauer. Sich ständig kontrollieren zu müssen, die Anstrengung, sein Innerstes zu ignorieren oder zu verdrängen, strengt an und ist eine Form von Stress. Kontrollierte Emotionalität bringt Druck. Da kann es schon passieren, dass «Mann» gelegentlich explodiert. Und wenn das passiert, dann vermutlich, weil er sich zu lange zusammengerissen hat und in diesem Augenblick die falsche Frage zur falschen Zeit kam. Er darf das. Wütend explodieren ist ein Attribut der Männlichkeit. Dadurch beeindruckt er und wirkt mächtig, obwohl er in Wirklichkeit ohnmächtig ist vor Wut. Wut darf er zeigen, aber über Verletzungen sprechen, die diese Wut ausgelöst haben, ist ihm nicht gestattet, und er erlaubt es sich auch nicht.

Wie Bilder von Männern und Frauen in unsere Köpfe eingepflanzt werden

Konzepte, wie Frauen und Männer sein sollten, werden uns von Kindesbeinen an vermittelt und wirken tief im Unbewussten. Sie finden sich zum Beispiel in Geschichten, Märchen, Heldensagen oder auch in politischen Ideologien. Das Dritte Reich mit seinen Männlichkeitsforderungen und Frauenbildern wirkt bis heute in unserer Gesellschaft nach.

Für Männer galt die Forderung: «Hart wie Kruppstahl, zäh wie Leder, schnell wie Windhunde...» Die Generation, an die diese Botschaften unreflektiert weitergegeben wurde, lebt noch. Diese Männer sitzen teilweise noch an den Hebeln der Macht und bestimmen, was zu geschehen hat. Zwar werden seit der 68er-Revolte diese Bilder stärker hinterfragt, dennoch sind sie nicht aufgelöst. Das Bild vom schwachen Mann, ist das überhaupt auszuhalten?

Die nächste Frage, die sich aufdrängt lautet: Wenn die Männer schon so schwächeln, warum kommen sie dennoch beruflich so groß heraus; was macht sie unter diesen Voraussetzungen so erfolgreich und stark?

Um mit Letzterem zu beginnen: Das patriarchale System richtet sich an Männern aus. Männer sind die Norm, an ihnen wird Maß genommen und ausgerichtet, wie Menschen, auch Frauen, zu sein haben. Wenn sie davon abweichen, sind sie schwächer. So verglichen, haben Frauen einen Nachteil. Sie sind nicht mit Männern vergleichbar und schon gar nicht an ihnen messbar. Sie sind anders. Aber auch Männer, die den Männlichkeitsstandards nicht entsprechen oder nicht entsprechen wollen, bleiben auf der Strecke. Sie werden oft als verweiblicht abgewertet oder als homophil bezeichnet und ausgegrenzt.

Da die Besonderheiten der Frauen in diesem System nicht vorkommen, sind Männer das Maß aller Dinge. Das System verzeiht Männern alles, was es Frauen nicht nachsieht. Die Optionen von Frauen sind damit wesentlich geringer. Das erklärt auch, warum Frauen in Systemen, wie hierarchischen Organisationen, schwerlich vorankommen. Es ist nicht ihr System, sie kennen sich damit nicht aus. Das Leben in einem fremden System kostet Kraft, verunsichert und schwächt die Authentizität, entmutigt und macht lustlos. Hinzu kommt ein Denkfehler bei Frauen. Das Konzept, das Frauen über Männer eingepflanzt wurde, stimmt nicht. Es handelt davon, wie ein politisches oder kulturelles System Männer (und auch Frauen) haben will.

Diese Konzepte zwingen Männer dazu, eine künstliche Authentizität zu entwickeln. Das ist ein Widerspruch. Künstlich ist nie authentisch. Nicht authentisch sein bedeutet schwach sein. Sie brauchen Krücken. Diese Funktion nehmen berechenbare Systeme ein. Hierarchien eben, Systeme, die im eigenen Familiensystem weiter verfolgt werden. Der Hausherr hat das Sagen und bestimmt, was zu tun und zu lassen ist. Ganz so einfach geht das nicht mehr, dennoch ist auch bei jungen Männern im Zusammenhang mit Arrangements in der Beziehung immer wieder die Äußerung zu hören: «Ich bin doch der Mann ...»

Da Männer nicht die Opferrolle einnehmen wollen, kämpfen sie nicht um sich, sondern eher um ihr Ansehen. Diese Mimikry, von den Männern selbst ausgelöst, verhindert, dass sie als Opfer wahrgenommen werden und dann tatsächlich zu Opfern werden. Männer als Opfer – ein Bild, das vor allem ihrem eigenen Männlichkeitswahn nicht entspricht. Auch hier leiden sie wieder stumm und schwören innerlich Rache.

Extremer Ausdruck davon ist das *Macho*-Gehabe, ein Imponiergehabe, das meist von Demütigungen anderer, schwächerer, zum Beispiel auch Frauen lebt. Machos, die sich übermännlich aufplustern, sind schwache Persönlichkeiten oder Menschen, die irgendwann verletzt wurden und sich dazu nicht bekennen können. Sie brauchen Frauen als minderwertige Vergleichsmenschen. Mit ihrem aufgeblasenen Verhalten wollen sie sich schützen. Sie zeigen ein perverses Schutzverhalten.

Sensibelchen im Wolfsgewand – oder die Angst der Männer
Machtinhaber wirken mächtig. Noch stärker aber wirkt in ihnen die Angst, die Macht zu verlieren. Diese Angst und anderes gilt es hinter Imponiergehabe zu verstecken. So resultiert die wahrgenommene Stärke aus geliehener Macht der Hierarchien. Und wo keine Hierarchien existieren, werden welche geschaffen.

Frauen gewinnen ihr Urteil über Männer durch die Art ihres Auftretens, oder sie schließen aus ihrer eigenen Einstellung auf die der Männer und betrachten das als Norm. Beides sind Irrtümer, die gravierende Missverständnisse auslösen. Männer orientieren ihr Verhalten an anderen Männern. Männer suchen sich eine Clique, denn gemeinsam sind sie stark.

Aber in dieser Gruppe geht es immer auch um Konkurrenz. Diese wird spielerisch gehandhabt und dient als Positionsanzeiger. Das ist wichtig für die eigene Orientierung, aber auch für die Gruppendynamik. Und Aggressivität spielt dabei eine wichtige Rolle. Sie wird nicht persönlich interpretiert, sondern sachlich gehandhabt. Wenn sich ein Mitglied durch irgendein Powerplay, einen Trick oder eine Überraschungsstrategie durchgesetzt hat, wird das nicht als persönliche Attacke gewertet, sondern gilt als Teil des Spiels. Konkurrieren macht Spaß. Das bleibt auch so im Berufsleben. Und wer aus Friedfertigkeit oder sonstigen Gründen nicht in den Konkurrenzkampf mit einsteigt, gilt als Spielverderber.

Wer mitmacht, erhält Anerkennung. Wer diese Anerkennung verliert, bekommt ein Identitätsproblem. Auch die Auswahl der Freunde wird nicht in erster Linie beziehungsorientiert getroffen. Entscheidend ist der Bündniswert: «Sage mir, mit wem Du umgehst, und ich sage Dir, wer Du bist.»

Das Patriarchat verlangt den Männern ein Konzept der Stärke ab, das mit authentischem, also wahrem Verhalten nicht zu vereinbaren ist. Statt sich mit ihren Gefühlen auseinanderzusetzen, härten sie sich ab, um sie nicht zeigen zu müssen. Cool sein ist heute *in*. Nur: Geleugnete Gefühle machen nicht stark, sondern hilflos und unsicher. Schlimm dabei ist, dass viele Männer nicht mehr merken, wie der von der Gesellschaft aufgedrückte Männlichkeitswahn sie überfordert und ruiniert. Beteiligt sind zum Teil auch viele Frauen, die dieses Männlichkeitskonzept gelebt sehen wollen.

Das Potenzial der Männer wirkt attraktiv auf Frauen, wohingegen das Potenzial der Frauen Männer deutlich abschreckt.

Indianer kennen keinen Schmerz
Auf der Basis tradierter Konzepte, die vorgeben, wie Männer zu sein haben, wird schon früh, oft unbewusst, bei Jungen mit einem Abhärtungstraining begonnen. Es ist interessant, wie viel Erziehungsideologie noch immer mündlich als Erfahrungswissen in Familien weitergegeben wird, das den Ideologien des Dritten Reiches entstammt. Das ist erst erkennbar, wenn man sich mit diesen zum Beispiel durch die Lektüre des Buches «Hitler, die deutsche Mutter und ihr erstes Kind» von Sigrid Chamberlain (siehe auch Bibliographie Seite 175) auseinandersetzt.

Schon bei der Einschulung fällt es Jungen viel schwerer als Mädchen, ihren Kummer Erwachsenen mitzuteilen. Der amerikanische Psychologe William F. Pollack weist auf Untersuchungen hin, die dafür zwei Gründe verantwortlich machen: Zum einen nennt er den Missbrauch der Schamgefühle. Kleinen Jungen wird beigebracht, sich für ihre Gefühle wie Schwäche,

Verletzlichkeit, Angst und Verzweiflung schuldig zu fühlen: «Ein Junge wie du wird doch nicht weinen.»

Als zweiten Grund führt er den Jungen auferlegten Trennungsprozess von der Mutter an, zum ersten Mal im Alter von sechs Jahren beim Schuleintritt und später in der Pubertät. Dieser Loslösungsprozess sollte sich von selbst einstellen dürfen, fordert Pollack. Aber er wird von der Umgebung erzwungen und als Abhärtung gesehen, die der männlichen Entwicklung förderlich sein soll. Das Gegenteil ist der Fall. Denn nun stehen die kleinen Helden erst mal allein auf verlorenem Posten.

Aber wo sind die männlichen Vorbilder? Väter, als erlaubte Bezugspersonen, fehlen. Bleiben nur noch die Popanze aus dem Computer oder dem Fernsehen.

Untersuchungen zeigen, dass die Anwesenheit von Müttern und die langsame, nicht erzwungene Ablösung von ihnen Männern zu einer gesünderen seelischen Entwicklung verhelfen. Ihr Selbstvertrauen ist stabiler. Zudem wirkt die Anwesenheit von Vätern als Aggressivitätsbremse. Das vorhandene Vorbild als reales Identifikationsmuster gibt eine bessere Orientierung im Umgang mit Aggressionen und gestattet auch, sich weicher zu verhalten, ohne dabei von Homophilieängsten geplagt zu werden.

Patriarchale Vorgaben schaden den Männern, indem sie ihnen vormachen, ihr Verhalten sei stark. Die Ablehnung von Weiblichkeit und weiblichem Verhalten sind Verstärker und schwächen in Wirklichkeit noch mehr. Diese Ablehnung verhindert eine sichere männliche Identität, die wiederum Weiblichkeit zulassen kann, ohne abzuwerten.

Auch Frauen werden mit diesem Konzept getäuscht. Sie reagieren abwertend und abgrenzend auf vermeintlich vorhandene Stärken. Das Missverständnis führt zu Kämpfen und Abwertungen.

Besonders betroffen sind heute die jüngeren Männer unter dreißig, denn an sie stellt die Gesellschaft inzwischen Erwartungen, die dem traditionellen Männlichkeitskonzept widersprechen. Von ihnen wird gefordert, dass sie ihrer Verletztheit Ausdruck geben sollen. Da guter Rat teuer und niemand mehr zur Orientierung da ist, ziehen diese Männer es vor, sich stark zu zeigen und zu schweigen. Genau dieses Schweigen wird so gedeutet, als sei alles in Ordnung und weitere Zuwendung müsse nicht erbracht werden. Damit lösen sie bei sich selbst eine innere Verelendung aus. Da der männliche Verhaltenskodex ihnen nur erlaubt, Wut und Ärger auszuleben, werden ihre Schwächen nicht wahrgenommen. Dadurch entstehen Missverständnisse – das Drama des starken Geschlechts.

Girlipower und Softies
Die jüngere Generation hat einen Wertewandel erfahren. Was früher als männliche Stärke galt, wird heute von Frauen nicht mehr geschätzt. Junge Mädchen haben aufgeholt. Sie wurden von ihren Müttern ermutigt, ihre Bescheidenheitsrituale aufzugeben, sich selbst durchzusetzen und für sich einzustehen. Den jungen Männern der gleichen Generation wurde von denselben Müttern beigebracht, mehr Rücksicht zu nehmen und sich nicht der alten Muster der Durchsetzung und vermeintlichen Stärke zu bedienen. So treffen nun rücksichtsvollere junge Männer auf durchsetzungswillige Frauen und sind total verunsichert.

Die überkommenen Männlichkeitsbilder bröckeln und die traditionellen Frauenrollen haben sich verändert. Vor allem junge, aber auch ältere Männer sind heute einer Vielzahl widersprüchlicher Erwartungen ausgesetzt. Um ihre Unsicherheit bedeckt zu halten, machen sie ein *Pokerface* und verstecken sich hinter einer Maske der Stärke oder Ungerührtheit. Sie leiden stumm, um leise abzutreten. Schmerz, Trauer, das sind Gefühle, die nicht ins patriarchale Männlichkeitskonzept passen.

Um damit fertig zu werden, können sie nach dem Motto wegrationalisiert werden, das Leben sei halt so. Ganz beliebt ist es auch, Sündenböcke außerhalb der eigenen Person für den eigenen Schmerz zu suchen. Als Projektionsfläche eignen sich

Frauen hervorragend. An sie wird traditionell das eigene innere Leid delegiert, das sie nicht zulassen dürfen, ein Vorgang, der in der Psychologie als Projektion bekannt ist.

Amerikanische Untersuchungen weisen nach, dass männliche Babys bei der Geburt und den darauf folgenden Monaten in ihren Gefühlen ausdrucksstärker sind als weibliche Babys. Bis zum Alter von sechs Jahren ist diese Fähigkeit verschwunden. Die vermuteten Ursachen, die weit reichende Folgen haben, ist ein Abhärtungskonzept, das für Knaben vorgesehen ist und der Vermännlichung dient. Es basiert auf traditionellen gesellschaftlichen Erwartungshaltungen gegenüber Jungen.

Die Sehnsucht nach Aufmerksamkeit
Tief im Inneren möchten Jungen Zuwendung bekommen und als das erkannt werden, was sie sind. Jammern und Klagen ist den Mädchen erlaubt und verschafft ihnen neben Zuwendung auch Schutz.

Die Jammerliesen wissen das für sich zu nutzen, die starken Maxe brauchen andere Strategien. Sie müssen die Heldenrollen übernehmen oder mutieren zum Klassenclown. Mit den anderen Jungen stehen sie in zermürbender Konkurrenz.

Beispiel:
Claudio ist ein engagierter, intelligenter Junge, der mit viel Detailwissen schon in der sechsten Klasse um Aufmerksamkeit kämpft. Immer wieder wird er verwarnt, sein Wissen erst preiszugeben, wenn er «dran» sei. Mit der Zeit gilt er als unfolgsam. Er weiß zu viel und ist nicht zurückhaltend genug. Das muss er oft mit dem Ausschluss vom Unterricht abbüssen, was ihn sehr verletzt.

Im gemischten Turnunterricht werden die braven Mädchen vor den ruppigen, umtriebigen Jungen von der Turnlehrerin in Schutz genommen durch Bevorzugungen. Die Jungen schweigen verletzt. Irgendwann reicht es Claudio, und er bringt das Grundgesetz mit, um auf den Gleichheitsartikel aufmerksam zu machen. Er erhält einen Klassenbucheintrag und bekommt für seine Frechheit einen Klassenverweis. Claudio erträgt es schweigend und macht auf cool. Innerlich entwickelt er Aversionen gegen die Lehrerin und die Mitschülerinnen. Irgendwann – egal wann – wird er sein Recht einfordern und es die büssen lassen, auch Stellvertreterinnen. Alles eine Frage der Zeit.

Das aggressiv wirkende Imponiergehabe ist die Tarnung der Verletzlichkeit und der erlittenen Wunden. Es besteht ein tiefes Bedürfnis nach Verbundenheit, das mit der verfügbaren Bezugsperson nicht gelebt werden darf, weil es die Mutter ist. Muttersöhnchen, wer will das schon sein. Bei den Mädchen verfestigt sich durch diese Manöver der Eindruck, die Männer seien belastbar und stark.

Es ist fatal, wie vor allem die männlichen Bezugspersonen die Jungen mit ihren persönlichen verinnerlichten Männlichkeitskonzepten überfordern. Die Nähe zu Müttern oder anderen weiblichen Bezugspersonen ist verpönt. Die Väter treten schon früh mit den Söhnen in Konkurrenz, auch wenn sie nur am Wochenende eher körperlich präsent sind. Oft fehlen sie ganz. Treten sie in Erscheinung, stellen sie Forderungen.

Das ist die komplette Überforderung.

Der kleine Unterschied und seine großen Folgen
Männer und Frauen unterscheiden sich auch im Denken. Neben der unterschiedlichen äußeren Erscheinungsform weisen Hirnforscher nach, dass die Plastifizierung des Gehirns bei Männern und Frauen verschieden ausgeprägt ist. Das bedeutet, dass die Zentrale, die das Denken und das Verhalten steuert, geschlechtsspezifisch arbeitet. Ein Teil der Verhaltensweisen beider Geschlechter ist somit biologisch bestimmt beziehungsweise vorgegeben. Die Hirnforschung weist nach, dass Frauen und Männer unterschiedliche Hirnareale benutzen. Frauen haben tatsächlich andere Begabungen ausgeprägt als Männer.

Oft ist zu beobachten, dass Männer zielorientierter sind und sich schnell entscheiden können. Frauen tun sich mit ihren Entscheidungen schwerer. Das ist keine Entscheidungsschwäche. Unterlassen wir das Bewerten, dann sehen wir, dass Frauen gleichzeitig viele andere Aspekte im Visier haben, die sie auch bedenken und abwägen müssen. Für ganzheitliche Entscheidungen ist einfach mehr Zeit nötig. Der berühmte männliche Tunnelblick führt schnell zu Entscheidungen. Oft zeigt sich dabei auch, dass wesentliche Punkte übersehen worden sind, aus denen sich nachteilige Konsequenzen ergeben. Schnelle Entscheidungen sind nicht unbedingt gute Entscheidungen.

Das lässt sich übrigens auch mit einem Beispiel aus der Autoentwicklung belegen. Die deutschen Entwickler gerieten unter anderem den Japanern gegenüber in Nachteil, weil sie ihre Modelle zu schnell entwickelten und zu schnell vermarkteten. Im Alltagsgebrauch zeigte sich, dass viel nachgebessert werden musste. Die Asiaten gingen bedächtiger vor. Daher bessern sie kaum nach und ersparen sich dadurch Kosten.

Gefühle in der Hierarchie
Männerseelen werden schon früh in eine geschlechtliche Zwangsjacke gepresst. Verunsichert schweigen sie, um das zu tun, was von ihnen erwartet wird, und so ihrem Männlichkeitskonzept gerecht zu werden. So entsteht die Mär vom starken Maxe, den gelegentlich nur sein «schwacher Willi» verrät. Einfühlungsvermögen ist keine weibliche Domäne.

Da Männer sich in der Regel nicht mitteilen, entsteht bei Frauen der Eindruck, sie könnten auch nicht mitfühlen. Weit gefehlt. Sie fühlen dort, wo sie dürfen.

Zum einen ist das in der Phase der Verliebtheit. Hier erlauben sie sich das auszudrücken, was sie sind. Hier zeigen sie auch ihre Einfühlsamkeit. Die Frage ist: Wie lange? Und welche Erfahrungen machen sie damit in jungen Jahren? Doch es ist auch der Beweis, sie können, wenn sie wollen oder wenn sie müssen.

Besonders stark bringen sie ihre Einfühlsamkeit in Hierarchien ein. Ihre Sensibilität ist hier der weiblichen überlegen. Frauen kennen das System zu wenig, sind dadurch verunsichert und irritiert. Verwirrung verhindert Einfühlung.

Das ist der gemeinsame Nenner: Einfühlsamkeit kann dort eingebracht werden, wo man Orientierung hat und sich sicher fühlt.

Männer sind in ihren Systemen zu Hause, den Hierarchien. Dort kooperieren sie mit ihren Kollegen. Sie erkennen sanfte Hinweise und respektieren Andeutungen. Ihre Sensibilität unterstützt sie dabei. Frauen sind in diesem System nicht zu Hause. Sie sind verunsichert und zeigen wenig Sensibilität für den Umgang, der hier erwartet und gepflegt wird. Frauen bringen sich dagegen in ihren eigenen Systemen der Beziehungen erfolgreich ein.

Männern geht es umgekehrt so, wenn sie sich im sozialen Beziehungsbereich befinden. Hier sind die Frauen diejenigen, die Nähe nicht scheuen und das Gras wachsen hören. Männer sind sich dabei ihrer Gefühle nicht sicher, halten sich zurück und gelten als uneinfühlsam.

Sex im Büro macht niemanden froh
Eine weitere Frage, die sich für Frauen in der beruflichen Zusammenarbeit mit Männern stellt, ist, wie stark sie sich ihrem Umfeld anpassen sollten. Früher wurde Führungsfrauen angeraten, sich im Kleidungsstil und auch im Verhalten den Männern anzugleichen. Davon ist abzuraten, denn auch das schwächt die Authentizität. Frauen sind weiblich und sollten, um zu kooperieren, die Männer nicht kopieren. Das dürfen und sollten sie auch im Kleidungsstil ausdrücken. Er darf feminin, aber nicht erotisch sein. Bedenken Sie: Jeden Quadratzentimeter nackter Haut bezahlen Sie mit (Ihrem) Ansehen in jeder Hinsicht. Denn nackte Haut entblößt in einem Milieu des sich Bedeckthaltens.

Sie sollten die Regeln und Prinzipien der Hierarchie kennen, um in das System aufgenommen zu werden und um darin navigieren zu können – darauf kommt es an. Treffend hat Coco Chanel einmal bemerkt: «Eine selbstbewusste Frau betont den Unterschied zwischen Frauen und Männern, statt ihn zu verwischen.» Feminines Auftreten hat allerdings nichts mit erotischem Geplänkel zu tun. Auch das ist ein Verhalten, das Frauen im Business schwächt und Ihre Autorität untergräbt. Hilfreich ist es, sich ein weibliches Vorbild zu suchen, um sich an dieser Erfolgsfrau zu orientieren.

Nur allzu gern quittieren neidische, erfolglose Männer den Aufstieg von Frauen mit dem Kommentar, dieser sei «erschlafen» worden. Die amerikanische Journalistin Ellen Goodman bringt es auf den Punkt durch die folgende Feststellung: «Wenn Frauen sich ihren Weg an die Spitze erschlafen können, warum sind sie dann nicht längst oben? Sie scheinen in epidemischem Ausmaß von Schlaflosigkeit befallen zu sein.»

Zusammenfassung
In Abwesenheit der Väter bleibt den Jungen nur die Identifikation mit der Mutter. Für Jugendliche ist bei ihrer Suche nach männlicher Identität alles männlich, was sich von Weiblichkeit abgrenzt. Während früher Initiationsriten die Ablösung in der Pubertät begleitet haben, geschieht dieser Übergang heute dadurch, dass Jungen irgendwie spüren, dass sie sich vom Bisherigen abgrenzen müssen. Sie brauchen Distanz zu Müttern, um von Älteren, auch Vorgesetzten, Akzeptanz zu erhalten.

Das schaffen sie am besten, indem sie sich eine vermeintliche Männlichkeit zulegen. Dazu gehört, keine Gefühle außer Wut zu zeigen und hart zu sein, zu sich und zu anderen, nach dem Motto: «Ein Indianer kennt keinen Schmerz.» Die Vorbilder suchen sie sich in Filmen, Computeranimationen oder in der Gesellschaft. Da eine lebende und wohlwollende männliche Bezugsperson nicht anwesend ist, haben es die jungen Männer auf ihrer Suche nach Identität schwer. Sie machen sich im Dienste ihrer Vermännlichung zu Seelenkrüppeln.

Es sieht zwar so aus, als schwächten sich in der modernen Gesellschaft die patriarchalen Forderungen ab. Aber dadurch entstehen neue Verunsicherungen.

Die Sicherheit, die sich aus der traditionellen strikten Rollenaufteilung zwischen Frauen und Männern ergab, ist verschwunden. Es entsteht eine Vermischung von Realitäten und Anforderungen, die vor allem Männer im Verhalten stark verunsichert. Wie dürfen Männer denn sein? Stark, softig, Weichei, Warmduscher? Herde oder Kraftprobe?

Frauen erkennen nicht, dass die Werte ihres Sozialverhaltens, wie zum Beispiel Offenheit und Direktheit, in der hierarchischen Kultur als Angriffe gewertet werden. Wenn Frauen sich ohne Kenntnis der hierarchischen Gepflogenheiten in dieses System einbringen, verunsichern sie die Männer und wirken verletzend, ohne es zu merken, da das männliche Gegenüber keinen Schmerz zeigt. Statt dessen versteckt es ihn hinter seinem Pokerface und zieht sich innerlich zurück mit dem Entschluss: *Closed shops*, Rolladen zu; denn niemand darf die Schwächen sehen.

In ihrer hierarchischen Fluchtburg waren Männer bisher geschützt. Zwar gab es Konkurrenten, aber diese waren berechenbar. Intrigen waren unter diesen Bedingungen Bestandteil der systemischen Ordnung; sie gehörten zum Spiel.

3

So funktioniert das hierarchische System

Es wird zwischen zwei Arten von Hierarchien unterschieden: die Dominanzhierarchie und die Geltungshierarchie.

Die entwicklungsgeschichtlich ältere Form ist die *Dominanzhierarchie*. Sie wird als eher typisch männliche Hierarchieform beschrieben. Im Wettbewerb geht es um Status und Macht. Der körperlich oder an Stärke Überlegene setzt sich durch. Strategien wie Imponiergehabe und Einschüchterung sind wichtige Mittel, um sich in der Wettkampfsituation durchzusetzen. Die Rangordnung fordert Unterordnung und ist stabil. Sie trägt zur Konfliktreduzierung bei, hemmt aber gleichzeitig Kreativität und nimmt keine Rücksicht auf persönliche Belange. Der Ranghöchste hat Autorität und ist der Entscheider. Dabei spielt es keine Rolle, ob seine Entscheidungen gut sind. Sie werden ausgeführt. Für Männer ist dieses Verhalten akzeptiert. Frauen tun sich damit schwer. Nicht nachvollziehbare Entscheidungen sind für sie fragwürdig, was sie zum Ausdruck bringen. Damit haben sie meist ausgefragt.

Die *Geltungshierarchie* ist eine evolutionär jüngere Hierarchieform und findet sich nur bei Menschen, da sie mit dem Ich-Bewusstsein in Verbindung steht.

Status wird hier durch Ansehen erworben. Wissen und Können führen durch Anerkennung und Lob zu Geltung und Ansehen. Die Geltungshierarchie kann als demokratische Hierarchieform gelten, ist allerdings weniger stabil. Das bedeutet, dass sie konfliktintensiver ist, wodurch die Kooperation erschwert wird. Frauen bevorzugen diese Art der Hierarchisierung. Das erschwert die Zusammenarbeit und bringt öfter Konflikte. Dennoch scheint diese Umgangsform ihre Werte besser zu repräsentieren. Statt sich mit Autorität durchzusetzen, gibt es hier die Möglichkeit, prosoziale Dominanz auszuüben. Das bedeutet, dass Frauen sich kümmern und ungefragt Ratschläge geben, eben weibliche Dominanz ausüben. Wenn Machtinhaber ihre Macht erhalten wollen, sollten sie mit beiden Kulturformen arbeiten können. Für Frauen gilt es neben dem *reaktiven Aggressionsverhalten*, das aufgrund von Frustration entsteht, auch *assertive Aggression* zu trainieren. Das bedeutet, dass sie von sich aus Aggression in eine Situation hineinbringen. Diese beinhaltet Wettkampfmotivation und Konkurrenzverhalten mit dem Ziel, Rivalen ohne schlechtes Gewissen zu toppen. (Ich merke, dass es mir schwerfällt zu schreiben: Rivalen zu unterwerfen ...)

Männer hingegen müssen lernen, ihr gut trainiertes assertives Aggressionsverhalten zu kontrollieren. In Geltungshierarchien setzt sich nicht der Stärkere, sondern der Bessere durch.

Ansehen und Macht gewinnt man traditionell durch Dominanzverhalten, indem man sich herausstellt und wahrgenommen wird. Statuserhalt gelingt am besten, wenn sich auch hohes Ansehen und Respekt einstellen. Das wiederum sind die Kennzeichen der Geltungshierarchie.

Da sich die entwicklungsgeschichtlich älteren Dominanzkulturen mit ihren Verhaltensmustern immer wieder durchsetzen, verhelfen sie Männern immer wieder zum Vorteil. Es ist für Frauen daher wichtig, diese Mechanismen zu kennen und den Umgang damit zu erlernen. Ihren persönlichen Stil gestalten sie nur, wenn sie dafür die Macht haben. Männer haben wesentlich weniger Probleme, sich Frauen als Chefin unterzuordnen, wenn die Rangabklärung stattgefunden hat. Frauen ordnen sich dagegen Männern besser unter als Frauen – hierarchisch gesprochen.

Hierarchie als Herrenausstatter

Traditionelle Hierarchien sind Herrenausstatter. Sie verleihen Macht. Diese Systeme sind strukturiert und streng reguliert. Das gibt Orientierung und schafft Ordnung, denn in Hierarchien gibt es Rangordnungen und klare Aufgabenbereiche, was den Vorteil mit sich bringt, dass sich Machtkämpfe reduzieren. Der Preis dafür ist, dass sich die Mitglieder einer hierarchischen Organisation streng unterordnen müssen. Eigene Ideen und Kreativität können nur bedingt gelebt werden, was Frauen nur schwer akzeptieren.

Das griechische Wort «Hierarchie» bedeutet *heilige Ordnung*. Es handelt sich um eine Ordnung, die von Männergesellschaften geschaffen wurde. Hierarchien ordnen kirchliche Einrichtungen, das Militär, Behörden und Unternehmen, ebenso wie Vereine. Auch in so genannten basisdemokratischen Gruppierungen gibt es keine Weiterentwicklung ohne Hierarchien. In Experimenten wurde nachgewiesen, dass in unstrukturierten Gruppen schnell informelle Hierarchien entstehen, sich informelle Führungsschichten herausbilden und Angriffe und Auseinandersetzungen auf der persönlichen Ebene ausgetragen werden. Gerade in flachen Hierarchien kommt es verstärkt zu informellen Auseinandersetzungen. Organigramme zeigen den Bauplan einer Organisation. Hier ist ablesbar, wer offiziell das Sagen hat. Wer zudem noch inoffiziell mitmischt, ist hier nicht erkennbar. Aber genau das gilt es in Erfahrung zu bringen. Die Einarbeitungszeit gestaltet sich auf der Beziehungsebene als Prozess, in dem Informationen und Wissen über die firmeninterne Kultur gesammelt werden, um so das inoffizielle Reglement kennen zu lernen.

Hierarchische Strukturen lassen sich überall, auch im Alltag leicht einrichten. Es beginnt damit, dass der Geldverdienende die Bestimmungsmacht beansprucht. Nicht bezahlte Arbeit ermüdet nicht nur, sondern sie entmündigt auch.

In der hierarchischen Ordnung gibt es verschiedene Ränge. Dabei ist der Machtinhaber ganz oben angesiedelt.

Der Mächtige (die hier benutzte männliche Form ist bewusst gewählt, denn es handelt sich um ein von Männern initiiertes System) hat das Sagen, ihm ist Folge zu leisten. Damit wird deutlich, dass hier Macht und Dominanz ausschlaggebende Rollen spielen. Wer zum Machtinhaber wird, entscheiden Machtkämpfe, denen Machtspiele vorausgegangen sind. Die Teilnehmer im Kampf um die Macht testen spielerisch und damit verdeckt das Verhalten der anderen aus. Man will wissen:
- Wie reagiert eine Person?
- Wie und wo setzt sie Grenzen?
- Muss man sie fürchten, ist sie eine gefährliche Konkurrenz?
- Setzt sie sich durch oder will sie es allen recht machen?
- Hat sie ein Profil und wie sieht es aus?

Im Coaching mit Frauen zeigt sich immer wieder, dass Frauen sich einbringen, um Akzeptanz zu erhalten, zum einen mit Freundlichkeit, zum anderen mit Hilfs- und Servicebereitschaft. Sie wagen gerade in Anfangssituationen nicht, sich abzugrenzen, und wollen es anderen recht machen. In der hierarchischen Kultur wird Freundlichkeit als Schwäche gedeutet, wenn sie nicht auch mit der Fähigkeit des Abgrenzens und Durchsetzens wahrgenommen wird. Freundlichkeit und Hilfsbereitschaft entziehen Frauen den Respekt. Der ehemalige deutsche Bundeskanzler Konrad Adenauer drückte es wie folgt aus: «Machen Sie sich erst einmal unbeliebt, dann werden Sie auch respektiert.»

Sollte sich herausstellen, dass es sich um einen Mitbewerber oder eine Mitbewerberin handelt, die ernst zu nehmen sind, beginnt das gegenseitige Testen, Messen, das Konkurrieren, der Machtkampf. Dieser ist leichter zu bestehen, wenn Menschen in der Lage sind, andere zu beeinflussen, um sie für sich zu gewinnen. Das wiederum erfordert Sozialkompetenz und Charisma, allerdings unter anderen Aspekten, als Frauen sie gewöhnlich leben. Sozialkompetenz wird hier nicht eingesetzt, um andere zu unterstützen, sondern sie mit Charisma oder Strategien dazu zu bringen, die eigenen Ziele zu unterstützen. Leistung ist eine Grundvoraussetzung, aber ohne Machtkompetenz als Teilaspekt der Sozialkompetenz und Charisma kommt niemand weiter.

Dazu brauchen Sie ein gutes Image. Das baut sich auf, wenn Sie mit anderen erfolgreich kooperieren, aber gleichzeitig auch Ihren Führungsanspruch verdeutlichen, indem Sie zeigen, wer die Entscheidungshoheit beansprucht. Es ist ein Nähe-Distanz-Kompromiss, den Sie gestalten.

Machtkämpfe werden also im sozialen Bereich ausgetragen. Es geht um Anerkennung und Machtvergrößerung. Gut ist, wer sich besser durchsetzt!

Diese Fähigkeit kann trainiert werden. Männer üben von Kindesbeinen an, was sie zum einen mit einem Wettbewerbsvorteil ausstattet. Zum anderen liegt darin der Nachteil, dass sie unbewusst zu schnell konkurrieren, was die Kooperation mit anderen erschwert.

Wären Wissen und Leistung das wesentliche Potenzial, dann müssten Nobelpreisträger und Professoren die mächtigsten Menschen sein. Da es jedoch darum geht, Einfluss auf andere zu nehmen, um mit ihnen und durch sie voranzukommen, braucht es zudem Fähigkeiten, um Machtspiele zu durchschauen und mitzuspielen.

Das Wissen um die hierarchische Kultur ermöglicht das Erkennen von Machtspielen und ihrer Bedeutung. Daneben sind Fähigkeiten wie Durchsetzungsstärke und Zielerreichungsstrategien ein Teil der Machtkompetenz, die der Sozialkompetenz zugerechnet wird.

Männer haben sich in Hierarchien Regeln und Strukturen gegeben; es gibt Ränge. Macht und Dominanz sind wichtige Werte. Frauen sind ursprünglich in diesem System, wenn überhaupt, nur auf den unteren Rängen als Zuarbeitende oder Servicepersonal vorgesehen. Da diese völlig einflusslos sind, wirken sie an der hierarchischen Gestaltung nicht mit. Sie sind da, ihr Wirken wird nicht wahrgenommen oder von anderen benutzt. Damit bewirken sie nichts und können ihren Einfluss nicht direkt geltend machen.

Hierarchische Gebräuche und Regeln geben verbindlich vor, was zu tun und zu lassen ist. Das wiederum gibt Sicherheit innerhalb eines Systems der Strategien und Täuschungen.

In diesem System muss man sich bedeckt halten, ein Spiel mitspielen, um sich zu schützen. Dazu ist es wichtig, eine Sensibilität für alles zu entwickeln, was nicht ausgesprochen wird, niemals thematisiert werden darf und doch ganz präsent und wirksam ist. Das ist anstrengend, kostet Kraft und Lebensqualität. Offenheit gefährdet und schwächt die eigene Position.

Das System ist gnadenlos: Es herrscht Konkurrenz, mit der Konsequenz, dass der Stärkere, Raffiniertere, gelegentlich auch der Trickreichste (Frauen würden sagen, der Verlogenere) weiter kommt, überlebt, Karriere macht und sein Ziel erreicht. Als Machtinhaber gibt er dann die Regeln vor, denen sich andere zu beugen haben. Der Lohn des Machers ist die Unabhängigkeit, Gestaltungsmacht und Ansehen. Bezahlt wird mit Einsamkeit.

Unausgesprochene Geheimnisse in Hierarchien

Im hierarchischen Ordnungssystem gibt es offizielle und inoffizielle Regeln. Der griechische Ausdruck weist darauf hin, dass die vorgegebene Ordnung und die damit verbundenen Strukturen und Regeln «heilig» sind. Das heißt, es wird streng auf deren Einhaltung geachtet.

Die Regeln haben sich im Laufe der Zeit herausgebildet. Aus diesen sind Gewohnheiten und Gebräuche geworden. Sie werden nicht ausgesprochen, sondern sie gelten als stille Vereinbarungen und sind überaus wichtig und absolut verbindlich. Nichtbeachtung wird sanktioniert und führt in der Regel zum Ausschluss, oder das Weiterkommen auf der Hierarchieleiter ist blockiert, was ebenfalls ein Aus bedeutet.

Die hierarchische Kultur ist von Organisation zu Organisation unterschiedlich. Sie kann als hausspezifisch beschrieben werden und wird individuell vom Machtinhaber beeinflusst und gestaltet. Das bedeutet, es braucht Beobachtung und Zeit, um das in Erfahrung zu bringen, worüber nicht gesprochen wird.

Jeder steht mit jedem in Konkurrenz
Die wesentlichen Elemente in allen Hierarchien sind Dominanz und Macht. Schon kleine Jungen klären im Kindergartenalter Ränge ab. Der Lauteste, der Stärkere, der mit dem attraktivsten Spielzeug bekommt das Sagen und wird ab jetzt respektiert. Er ist der Macher. Diese Konkurrenz besteht noch fort, und der Ranghöchste muss darauf bedacht sein, seine Macht zu behalten. Im Berufsleben funktioniert es genauso.

Männer sind sich darüber im Klaren, dass sie untereinander in Konkurrenz stehen und sich jeder durchsetzen möchte. Ihr Verhalten ist entsprechend vorsichtig und misstrauisch.

Manche möchten Nachfolger des Machtinhabers werden, andere wollen sich nicht verdrängen lassen. So sind alle untereinander vorsichtig und in Hab-Acht-Stellung. Sie müssen nicht miteinander befreundet sein. Es genügen Interessenskoalitionen, um sich auszutauschen und das eigene Wissen zu erweitern. Gespräche basieren meist auf unverfänglichen Themen. Sport zum Beispiel. Hier kann man reden und Kontakt halten, ohne dabei etwas von sich preiszugeben.

Die Rangstrategien der Mädchen sind indirekter. Statt sich zu inszenieren, ziehen sie sich zurück, «klumpen zusammen» und verweigern die Anerkennung. Weiblich-aggressives Verhalten zeigt sich weniger in körperlicher Stärke oder Imponiergehabe, sondern in der Form einer Beziehungsaggression. Statt mit Fürsorge werden Konkurrenten oder Konkurrentinnen mit Nichtbeachtung kaltgestellt, anstatt sie offen fertig zu machen.

Dominanzverhalten bei Frauen zeigt sich vor allem in Fürsorge und beratender Einmischung, angebotener Unterstützung und anderen Hilfsangeboten, was sich leicht zur Bevormundung entwickeln kann. Diese Aspekte der prosozialen Dominanz verschaffen Aufmerksamkeit, machen aber diejenigen zu Hilfsbedürftigen, die diese Unterstützung in Anspruch nehmen. Hilfe zu brauchen bedeutet Macht abzugeben oder nicht mehr mächtig genug zu sein.

Die Selbstinszenierungsfähigkeit der Männer schützt sie und bringt sie in Wettbewerbsvorteil. Selbst wenn nur gebluft wird, erringen sie positive Aufmerksamkeit, wenn sie sich in Szene setzen.

Statusorientierung statt Persönlichkeit
Hierarchische Organisationen brauchen nicht unbedingt starke Persönlichkeiten. Eher ist das Gegenteil der Fall. Schwache Persönlichkeiten brauchen Hierarchien. Immer wieder ist zu beobachten, dass selbstsichere Personen weniger Gebrauch von hierarchischen Gepflogenheiten machen.

Unsichere Menschen mit geringem Selbstwertgefühl haben ein großes Sicherheitsbedürfnis. Sie möchten sich schützen, um nicht (mehr) verletzt zu werden oder um sich nicht mehr ausgesetzt und damit schutzlos zu fühlen. Sie sind motiviert, sich in die hierarchische Schutzburg aus Mahagoniholz einzubringen, sich dahin zurückzuziehen, und sind dann sorgfältig darauf bedacht, dass die bestehenden Regeln eingehalten werden. Andere Variante: Sie geben selbst Regeln vor, die sie absichern und schützen.

Machtspieler, die Machtinhaber werden wollen, kennen sich bestens in den hierarchischen Bedingungen aus. Sie sind in der Lage, den Verhaltenscode zum Erfolg zu enträtseln und ihn für sich zu nutzen.

Männer pflegen Dominanzhierarchien. Im Gegensatz dazu bevorzugen Frauen Geltungshierarchien. Im Umgang mit Dominanz entstehen für Frauen Missverständnisse. Wenn es um Dominanz in Dominanzhierarchien geht, können schwache Persönlichkeiten sich über Machtspiele einbringen und Verhaltensweisen entwickeln, um Schwächen zu verstecken. Das ist eine

Stärke. Dahinter steckt das Bedürfnis, endlich in den Schutz der Macht zu gelangen, um so nicht mehr angreifbar und hinterfragbar zu sein. Die von Frauen bevorzugte *Geltungshierarchie* ist eine anspruchsvollere Form der Rangordnung. Sie ist die evolutionär entwickeltere Form der Hierarchie. Hier sind Menschen mit besonderen Qualitäten gefragt und geschätzt, die nicht in physiologischer oder prahlerischer Stärke oder raffinierten Machtspielen begründet liegen.

Vielmehr sind es Menschen, die über Kompetenzen verfügen, sei es im sozialen oder kulturellen Bereich. Die Kompetenz, die eigenen Leistungen und Fähigkeiten gut zu vermarkten, gehört ganz wesentlich mit dazu und verlangt eindeutig dominanzorientiertes Verhalten.

Wenn Männer oder auch Frauen Positionen beziehen, die sie ihrer Persönlichkeit wegen nicht besonders schätzen, sind viele Frauen immer wieder verblüfft. Sie tun sich dann sehr schwer, sie zu respektieren und mit ihnen zusammenzuarbeiten.

Die Männer denken anders – statusbewusst und nicht persönlichkeitsbezogen. Ist die Chefposition eingenommen, wird der Chef wie ein Chef gewürdigt, jenseits seiner Persönlichkeit.

Was der Machtinhaber so alles darf

Wenn der oberste Rang bezogen ist, muss bei allen folgenden Handlungen darauf geachtet werden, diesen auch für die Zukunft zu behalten und ihn jetzt schon abzusichern. Machterhalt hat ab jetzt erste Priorität. Jedes unstrategische Engagement, das sich unreflektiert Interessen von anderen widmet, ohne die eigenen Anliegen abgesichert zu haben, ist Selbstschädigung und wird vor allem von Männern unterlassen. Das bedeutet, dass nicht unbedingt das abgearbeitet wird, was dringend notwendig ist. Über Dringliches und Notwendiges bestimmt der Machtinhaber selbst.

Es wird *das* angegangen und erledigt, was Achtungserfolge bringt und damit den Status sichert. Unangenehme Erledigungen, die Vorgänger auf die lange Bank geschoben haben, werden erledigt, wenn stabile Verhältnisse und Rückhalt geschaffen wurden. Es kann aber auch sein, dass diese Erledigungen erst dann angegangen werden, wenn der Machtinhaber ein gutes Konzept entwickelt hat, mit dem die Aufgabe anderen Machtinhabern und seinen Untergebenen verkauft werden kann; vielleicht ist die Aufgabe auch ein heißes Eisen, und man wartet darauf, dass sich das Problem von selbst erledigt, indem es vergessen wird.

Wie erhalte ich meinen Status
Da Hierarchien sich aus Rängen zusammensetzen, die ein Oben und Unten definieren, und Konkurrieren die Verhaltensweise ist, mit denen die oberen Ränge erklommen werden, ist nun das Durchsetzungsvermögen ein Verhalten, das entscheidend zum Erfolg beiträgt. Es wird höher bewertet als Fachwissen. Aus diesem Grunde ist Durchsetzungsstärke eine Kompetenz, die mindestens genauso hoch bewertet wird wie das Fachwissen. Die Devise lautet: Es setzt sich nicht durch, wer besser ist, sondern, wer sich besser durchsetzt.

Wer sich allerdings durchgesetzt hat, muss sich den Status erhalten. Das gelingt dann, wenn dieser Erfolg auch noch mit Leistung und Wissen kombiniert ist. Die Prioritäten sind offensichtlich.

In Hierarchien geht es auch immer darum, eigene persönliche und sachliche beziehungsweise organisatorische Ziele gegen die Widerstände anderer zu verwirklichen. Unabdingbar dafür ist sozialkompetentes Verhalten, das zum einen sicherstellt, dass das eigene Tun bei Übergeordneten und Gleichgestellten die Wertschätzung findet. Zum anderen muss dieses Verhalten mit der Fähigkeit verbunden sein, die eigenen Ziele gegen den Widerstand anderer durchzusetzen. Das erfordert Konfrontationsbereitschaft und Konfliktkompetenz. Menschen mit diesen Fähigkeiten können andere beeinflussen und gewinnen, was der Überzeugungs- und Beeinflussungsmacht entspricht.

«Kann die denn das?»

Soziologen haben herausgefunden, dass es in Organisationen eine Geschlechterhierarchie gibt. Es zeigt sich, dass Frauen in ihrer Berufsrolle oder in ihrer privaten Rolle immer auch persönlich als Frau wahrgenommen werden, während Männer in Hierarchien immer nur in ihrer Funktion wahrgenommen werden. Wenn Frauen sich einbringen, werden sie unter zwei Aspekten wahrgenommen. Zum einen wird gehört, dass eine Frau gesprochen hat, zum anderen wird das Argument gehört.

Wenn sich Frauen zum Beispiel in Konflikten durchsetzen oder ihren Standpunkt verteidigen, werden sie anders als Männer bewertet und als grausam und unweiblich bezeichnet und damit abgewertet. Vielen erfolgreichen Frauen, vor allem Politikerinnen, wächst mit zunehmendem Erfolg ein abwertender Beiname zu. So erhielt die zierliche, charmante Schweizer Bundesrätin Micheline Calmy-Rey den Beinamen *la Cruella,* Margret Thatcher ging als die eiserne Lady in die Geschichte ein, und Angela Merkel gilt in Argentinien auch als eisern. Sie hat dort den Beinamen *La Hierra*. Erfolgsfrauen werden oft als machtgierig, karrieregeil und gefühlskalt bezeichnet. Wie auch immer ihre richtigen Namen sind, die Beifügungen sind austauschbar. Dieses Gebaren weist darauf hin, dass sich an Frauen in der Berufssituation traditionelle Rollenerwartungen richten, die sie nicht erfüllen.

Das beginnt mit Zweifeln («Kann die denn das?») und endet mit Ausschlüssen, weil manche Meetings unter Männern bisher ihren Abschluss in der Sauna beim Krimsekt stattgefunden haben.

Lange Zeit konnten in Deutschland einige Handwerkskammern keine weiblichen Lehrlinge aufnehmen, da es keine Damentoiletten gab… Auf die Idee, welche einzubauen, kam «Mann» erst, als Frauen als Zielgruppe erkannt wurden, mit der Geschäfte zu machen sind. Zuvor waren sie Konkurrenz, die auf diese Art leicht auszuschließen war.

Mit Weiblichkeit verbunden ist auch ein Aspekt von weiblicher Attraktivität, einer Form von Sexualität, die im Zusammenhang mit Männern nicht auftritt. Von Erotik und Geschlechtlichkeit ist in Organisationen ausschließlich im Zusammenhang mit Frauen die Rede, nie mit Männern. Es hat den Anschein, als seien Männer im Berufsleben geschlechtslose Wesen.

Die Sexualisierung der Frauen in der Arbeitswelt ist von den Männern hervorgebracht und hängt mit deren Frauenkonzept zusammen. Der Beitritt von Frauen in hierarchische Institutionen produziert eine Geschlechterhierarchie, indem die Geschlechtszugehörigkeit von Frauen zu einem Bewertungsfaktor wird, der meist dazu dient, Ausschlüsse vorzunehmen. *Genderkompetenz* ist die Fähigkeit, die unbewusste geschlechtsspezifische, traditionelle Wahrnehmungsfehler sichtbar macht. Neue Rollenaufteilungen zwischen Frauen und Männern, aber auch der anstehende Fachkräftemangel erfordern, dass männliche und weibliche Verhaltenseigenschaften differenzierend statt diskriminierend wahrgenommen werden. Das bedeutet, dass Frauen und Männer ihre unbewussten Festlegungen dem anderen Geschlecht gegenüber aufdecken und korrigieren müssen, also sich genderkompetent verhalten müssen. Unter dieser Voraussetzung sind synergetische Kooperationen möglich. Die Fragestellung der Zukunft lautet nicht: «Kann die das?», sondern: «Was kann sie, was er nicht kann?»

Tipp:
Analysieren Sie die Organisationskultur in Ihrem Unternehmen, wenn Sie Karriere machen wollen. Wenn es sich um eine männerdominierte Firma handelt, ist Ihr Erfolgsweg blockiert. Bei solchen Unternehmen stellen sich Ängste ein, wenn Frauen Führungsansprüche erheben. Investieren Sie nicht in kranke Systeme!

Verhalten in Hierarchien
Was Frauen und Männern wichtig ist
Das Werteverhalten ist sehr individuell geprägt. Die einen schätzen Freiheit, Harmonie oder Frieden als wichtig ein, die anderen sehen in den Werten Respekt, Autonomie oder Verlässlichkeit ihr höchstes ideelles Gut.

Jeder Mensch verfügt in seinem Wertepool über Werte, die ihm außerordentlich wichtig sind. Diese Werte sind als Leitwerte Auslöser für bestimmte Verhaltensweisen. Interessanterweise tendieren Frauen und Männer zu unterschiedlichen Leitwerten.

Frauen bevorzugen Werte wie Zuwendung, Harmonie, Beliebtheit, Liebe, Akzeptanz und Würde. Die Verhaltensweisen, die sich daraus ableiten lassen, sind Beziehungsorientierung, Fürsorglichkeit, Anpassungs- und Kooperationsbereitschaft, Wertschätzung und Austausch, um nur einige zu nennen.

In der Vergangenheit war bei Frauen eher ein zwiespältiges Verhältnis zur Macht feststellbar. Offenbar brachten sie Macht eher mit Machtmissbrauch in Verbindung und nicht mit der Vorstellung, durch Macht etwas zu bewirken und gestalten zu können. Während sich Männer mit Macht brüsten, entschuldigen sich Frauen dafür. Dieses Verhältnis zur Macht verändert sich derzeit bei den Frauen. Sie bekennen sich heute deutlicher dazu, Machtinhaberin sein zu wollen.

Frauen, die Führungsverantwortung übernehmen, haben meistens Spaß an der Macht, so das Ergebnis einer neuen Umfrage der Deutschen Akademie für Führungskräfte. 78,3 Prozent der befragten 270 Managerinnen sagen ganz bewusst: «Ja, ich habe Lust an der Macht.» Machtmuffel sind mit 8,5 Prozent in der Minderheit. (aus: LEADER 3/2005 Verbandsorgan der Schweizerischen Kader-Organisationen)

Da Frauen von anderen Werten geprägt sind als Männer, sind sie kommunikativ und offen, weniger statusorientiert und weniger konkurrierend. In Verhandlungen lassen sie sich weniger von Konkurrenz und Durchsetzungsbedürfnissen leiten. So gelingt es ihnen leichter, sich auf die Klärung von zwischenmenschlichen Anliegen zu konzentrieren und dabei ein offenes Verhalten zu zeigen, das von Austausch statt Durchsetzung geprägt ist. Ihr Ziel muss es nicht sein, eigennützig zu gewinnen, um die Oberhand zu behalten. Sie können auch gewinnen, wenn die Lösung ihr persönliches oder geschäftliches Profil nicht poliert, sondern allgemeine Interessen erfüllt und Lösungsmöglichkeiten erbringt.

In diesen Eigenschaften liegen für Frauen große Zukunftschancen in einer globalisierten Kultur, die Austausch fordert.

Frauen haben laut Hirnforschung durch das Hormon Östrogen ein größeres Bedürfnis nach Ausgleich und Balance. Sind sie allerdings von einem übermächtigen Harmoniebedürfnis geprägt, ist das in der hierarchischen Kultur hinderlich. Die genannten weiblichen Eigenschaften sind nur dann Qualitäten, wenn sie mit anderen Eigenschaften wie Konfrontations- und Konfliktfähigkeit und Durchsetzungsvermögen kombiniert sind.

In diesem Zusammenhang besteht für Frauen die Aufgabe, sich zu hinterfragen, wie viel Spannungen sie aushalten können, und diese Fähigkeit gegebenenfalls zu trainieren. Denn im Geschäftsleben (wie sonst auch) gilt: *Everybodies darling is everybodies depp!*

Wer respektiert sein will, kann nicht immer beliebt sein. Im Berufsleben ist Beliebtheit ein Wert, der hinter andere Werte wie zum Beispiel Durchsetzungsvermögen und Achtung zurücktritt.

Männer geben anderen Bedürfnissen den Vorrang. Sie ziehen Werte wie Autonomie und Dominanz dem Beliebtsein vor. Es ist ihnen wichtig, Respekt zu erfahren und Macht zu haben. Ein erfahrener männlicher Manager drückte es so aus: «Der Verlust von Macht und Ansehen ist die größte Belastung und gilt als Stressfaktor schlechthin.» Machtinhaber zu sein zeichnet Männer aus. Macht zu verlieren raubt sie aus. Sie müssen sich neu definieren und sich fragen, wer sie jetzt, jenseits der geliehenen Macht, überhaupt noch sind. Dieses Problem belastet vor allem Machtspieler, deren Persönlichkeit immer schon verzwergt war.

Bei diesem Anliegen zeigen sich die Männer untereinander solidarisch. Egal was passiert ist, hier wird zusammengehalten.

Die Hirnforschung sieht diese geschlechtsspezifischen Verhaltensunterschiede auch biologisch ausgelöst, und zwar durch die Hormone Testosteron und Östrogen. Sie prägen jeweils andere Verhaltenseigenschaften aus. Das Östrogen bei Frauen gilt als Befriedungs- oder Kuschelhormon, während das Männlichkeitshormon Testosteron den Aggressionsbereich stärkt.

Die Hirnforschung belegt, dass Männer testosteronbedingt besser mit Eigenschaften wie Konkurrenzfreude, Zielorientierung und Durchsetzungsstärke ausgestattet sind. Dadurch sind sie hervorragend in der Lage, sich abzugrenzen.

An dieser Stelle gilt es nun, genau hinzusehen und zu fragen, welche Konzepte religiöser oder kultureller Prägung diese Verhaltensanlagen unterstützen und verstärken. Mit Sicherheit kommt den kulturellen Faktoren ein größerer Einfluss zu, als es derzeit die Ergebnisse der Hirnforscher nahelegen.

Beobachtbar ist, dass die traditionell männlichen Leitwerte zu einer größeren Eigenständigkeit und Unabhängigkeit führen, die im Extremfall egobezogen und rücksichtslos wirken. Für Männer ist es daher wichtig, sich gelegentlich zu fragen, welche Folgen und Auswirkungen ihre Zielorientierung für andere hat.

Dennoch haben Männer mit diesen Eigenschaften in ihrer Umgebung mehr Akzeptanz, als wenn Frauen diese Verhaltensweisen zeigen. Männern wird rüdes, aggressives Verhalten als männlich nachgesehen. Sie werden geradezu ermuntert, sich «männlich» zu zeigen, und sind dadurch in diesem Verhalten bestärkt. Wenn Frauen, auch wenn es beruflich bedingt ist, sich ähnlich verhalten, stößt dieses Verhalten bei Frauen und Männern auf Ablehnung. Hier zeigt sich, dass an Frauen Erwartungen gestellt werden, die sie eher in Abhängigkeit halten. Wer Zuwendung, Harmonie und Beliebtheit haben möchte, braucht dazu auch die anderen. Wer sich durchsetzt, verzichtet zumindest vorübergehend auf die Akzeptanz von anderen.

Für Frauen gilt es zu lernen, diese Abhängigkeit zu überwinden und Spannungen auszuhalten, um ihr Selbstgefühl zu erhalten nach dem Motto: *So what?*

Damit wir uns nicht missverstehen: Wenn hier von Frauen und Männern allgemein die Rede ist, bedeutet es nicht, dass diese Aussagen generell für alle zutreffen. Es hat sich viel getan in den letzten vierzig Jahren. Mehr als früher finden wir heute auch bei Männern «typisch weibliches» Verhalten und umgekehrt. Trotzdem sind diese Verallgemeinerungen sinnvoll, weil nur so Tendenzen sichtbar gemacht werden können. Denn wer sich Hierarchien in Firmen und kommunalen Institutionen ansieht, wird auch feststellen müssen: Es hat sich noch zu wenig geändert.

Orientierung im hierarchischen Dschungel
Was alle sehen
Die offizielle Organisation einer Institution oder Firma ist am Organigramm ablesbar. Es zeigt an, welche Ränge es gibt und wie sie besetzt sind. Man kann sehen, wer wem etwas zu sagen hat und welche offiziellen Abhängigkeiten bestehen. Es ist auch ersichtlich, welche Stabstellen vorhanden sind. Stabstellen sind der Linie entzogen und nur einem Vorgesetzten zugeordnet. Stabstellen lassen sich leicht abbauen, es gibt keine spürbaren Auswirkungen auf das Restgefüge. Es sind Schutzzonen oder auch tote Äste, aus denen karrieremäßig nichts herauswächst.

Stabstellen bieten zum einen Schutz vor Machtspielen, verhindern aber auch das Weiterkommen. Wer Karriere machen will, muss wissen, wie lange er sich auf dem Nebengleis parken lassen will. Zum Weiterkommen ist die Rückkehr in die Linie und das Konkurrieren mit anderen Voraussetzung.

Neben dieser formalen Orientierung ist es noch viel wichtiger, die inoffiziellen Machtverhältnisse herauszufinden. Es gilt in Erfahrung zu bringen, wer welche Interessen verfolgt und welche Bedürfnisse die Vorgesetzten haben, mit wem sie irgendwelche Verbindungen haben, die nicht organisatorisch bedingt sind. Es sind letztendlich die persönlichen Interessen und Beziehungen, denen jenseits der offiziellen Organisation die erste Priorität eingeräumt wird. Bertolt Brechts Ausspruch aus der «Dreigroschenoper» gilt auch hier: «Erst kommt das Fressen, dann kommt die Moral.» Auf das Berufsleben übertragen bedeutet das: Bediene zuerst deine eigenen Bedürfnisse und erfülle dann die Verpflichtungen gegenüber der Organisation.

Darüber spricht man nicht – geheime Regeln
Da über die inoffiziellen Erfolgsregeln in diesem System nicht gesprochen wird, gilt es zu erspüren, wer inoffiziell Einfluss nimmt, was erlaubt ist und was erwartet wird. Diese mikropolitischen Regeln dienen dem Machterhalt. Sie werden nicht festgelegt und sind doch verbindlich. Nicht offiziell reguliert, sind sie leicht veränderbar. Männer haben den Frauen vor allem eines voraus: Sie wissen, dass es um Macht geht, und sie haben Spaß am Mitmachen, am Konkurrieren und sich Ermächtigen.

Politisch denken und handeln setzt voraus, dass man um eine Meta-Ebene weiß. Das bedeutet, dass hinter den Handlungen Einzelner Absichten bestehen, über die nicht gesprochen wird, die allerdings die Situation bestimmen. Insider und Kenner guter Machtspiele wissen darum und wissen auch, wann einmischen sich lohnt und wann Zurückhaltung angebracht ist.

Beispiel:
In vielen Gemeinde- oder Stadtverwaltungen wird der Bürgermeister oder Oberbürgermeister von den Bürgerinnen und Bürgern direkt gewählt. Das bedeutet, dass er mit seinen Handlungen und Entscheidungen auch immer seine Wiederwahl im Auge haben muss.

Vor diesem Hintergrund wird verständlich, warum einflussreiche Bürger es immer wieder schaffen, Entscheidungen, die Verwaltungsmitarbeitende getroffen haben, zum Beispiel Sanktionen, zu relativieren. Ganz besonders kurz vor Wiederwahlen. In Absprache mit dem obersten Chef gelangt man zu weniger schmerzhaften Kompromissen, was die Mitarbeitenden, die sich an die Vorschriften gehalten haben, nicht verstehen. Hier wird deutlich, dass es vor allem für gewählte Machtinhaber neben Sachzielen auch noch persönliche Prioritäten gibt, die den Sachaufgaben voranzustellen sind.

Diese Dinge können aber auch anders verlaufen:

Beispiel:
Als die Nachfolgerin in einer Organisation ihre Arbeit aufnehmen will, stellt sie fest, dass ihr Vorgänger alle Daten auf dem Computer gelöscht hat und auch keine Akten mehr aufzufinden sind. So blockiert, begibt sie sich zu ihrem Vorgesetzten, damit er den Vorgänger zur Herausgabe veranlassen kann. Nach der Anhörung passiert zunächst nichts. Beim Nachhaken wird der Vorgesetzte ärgerlich und deutet an, dass er nun nichts mehr davon hören will, schließlich soll sie ihre Arbeit machen. So verunsichert, versteht sie die Welt nicht mehr. Er mauert.
Und was verbarg sich dahinter? Nach einiger Zeit stellte sich heraus, dass der Vorgänger in eine attraktive Leitungsposition gewechselt hatte und ihr Chef dort als freier Mitarbeiter mitwirken möchte. Bingo!

So läuft das – Rituale

Neben offiziellen und nicht offiziellen Regeln gibt es Rituale. Sie zeichnen sich dadurch aus, dass sie immer gleich verlaufen und damit regulierte Abläufe in einer Kulturform oder eines sozialen Verbandes gewährleisten. Wikipedia definiert Rituale so: «Ein

Ritual ist eine kulturell gebundene menschliche Handlung, die durch strukturierte Mittel die Wandlung eines Lebensbereiches in über den Alltag hinausreichenden Zusammenhängen bewirkt.

Rituale sind ein menschheitliches Phänomen. Sie ermöglichen durch den Umgang mit Grundfragen der Existenz das menschliche Miteinander. Dazu zählen Sicherheit, Ordnung ebenso wie Sterblichkeit…»

Blutsbrüderschaften, Fahneneide, Vereidigungen, Aufnahme-, Ausschluss- oder Übergangsrituale sind Zeremonien, die Männer gern und oft ernsthaft und mit Würde praktizieren. Diese Aktionen stärken, weil sie verbinden. Rituale haben Tradition, und als solche laufen sie immer gleich, also geregelt ab. Männer lieben und brauchen Rituale, denn hier gibt es nichts Unberechenbares, nichts Unvorhersehbares, nichts Spontanes. Hier weiß Mann, was man hat, was man tun muss und und was man zu lassen hat. Das beruhigt, denn es gibt nichts Unvorhersehbares. Aufnahmerituale sollen zum Beispiel demonstrieren, dass man einem exklusiven Zirkel angehört. Exklusiv bedeutet hier, dass man bei etwas dabei ist, bei dem andere nicht dabei sein dürfen. Mit dabei sein, dazugehören verbindet, zeichnet aus, hebt ab. Man gehört nicht zur Masse. Studentenverbindungen, Logen oder Netzwerken wie den Rotariern kann man nicht einfach beitreten. Es bedarf mindestens einer oder mehrerer Empfehlungen, und auch dann wird darüber befunden, ob der Interessent der Aufnahme würdig ist.

Rituale folgen Regeln.

Nichts passiert, was nicht geplant und geübt ist. Aber die Kenntnis der Regeln ist Voraussetzung. Dazu braucht es Insider oder Eingeweihte.

Mitglieder der Schweizer Garde, der Wache des Papstes im Vatikan, schwören vor gefülltem Petersplatz ihren Fahneneid. Dabei fassen sie ein Stück Stoff an. Das Ritual wirkt feierlich, aber mittelalterlich. Es ist todernst und muss geübt werden, damit keine Missgeschicke passieren. Die Mitglieder behaupten, dass dieses Ritual sie lebenslänglich präge.

Rituale sind, hirnorganisch gesprochen, balancebezogen. Sie geben Sicherheit und bilden den Hintergrund für Aufgaben im Stimulanz- oder Dominanzbereich. Ihr Verpflichtungscharakter wirkt vor allem bei Männern und hat mit Demut, Gehorsam und Loyalität und damit Berechenbarkeit zu tun.

Vermutlich fällt es Männern leichter, einer Fahne oder einem ähnlich toten Gegenstand gehorsam zu schwören, als das zu tun, was eine Frau verlangt. Tote Gegenstände fordern ja immer nur das, was seit Langem bekannt beziehungsweise vorgegeben ist. Also völlig unbedrohlich – keine Überraschungen und im Voraus berechenbar.

Merkmale von Ritualen
Sie sind immer gleich und haben sich bewährt und bewähren sich, weil sie nicht hinterfragt werden. In der Wiederholung desselben liegt keine Kreativität, nichts Unberechenbares. Rituale sind strukturierte Handlungen. Sie folgen Regeln, schaffen Ordnung und geben Sicherheit. Männer brauchen dies im Alltag.

Schwüre sind beispielsweise Ausdruck von Gehorsam, Unterwerfung und Demut. Mit einem Schwur werden Menschen in ein Gefolge aufgenommen, und sie leisten Folge. Das Ritual ist oft begleitet durch Musik oder verbale Aktivitäten, die hinausgeschrieen werden und ein Imponiergehabe darstellen.

Im Gegensatz zur weiblichen Einfühlungskultur bevorzugen Männer in Organisationen eine mechanistische Eingehens- oder Eintrittstradition.

Das ist unpersönlich und «gehört sich» und verunsichert nur die betroffenen Frauen.

Im Geschäftsleben gibt es Einführungs- und Vorstellungsrituale, aber auch Rituale, die der Stabilisierung der Gemeinschaft dienen. Andere demonstrieren die Macht des Unternehmens. Dazu gehören die Ausstattung des Firmensitzes und die einzelnen Büros. Geschäftswagen, Firmensitze und Präsenz in bestimmten Ländern, den elegantesten Straßen sowie Imponierrituale bei Messeauftritten, Werbeveranstaltungen oder Firmenevents. Imponier- und Einschüchterungsrituale finden sich auch bei Gericht. Der Schwurgerichtssaal hat eine besonders abweisende Ausstattung, wirkt mächtig, und die Richterinnen und Richter sind durch ihre Talare entpersönlicht und damit unnahbar.

Gehen Sie in eine große Firma oder größere Verwaltungen oder besuchen Sie den Berliner Bundestag. Beobachten Sie, welchen Zeremonien Sie unterworfen werden, bevor Sie Einlass finden und vorgelassen werden. Wenn Sie Ihren Chef oder Ihre Chefin aufsuchen wollen, müssen Sie sich anmelden. Das Wartenlassen ist ein Demütigungsritual, über das nur Mächtige verfügen können, um ihre Wichtigkeit anzuzeigen. Meetings, Hauptversammlungen und Vorstandssitzungen sind Orte, an denen Status in Reinform zelebriert werden kann.

In Unkenntnis dieser Riten werden Fehltritte produziert, die Ausschlüsse nach sich ziehen. Fehltritte in diesem Zusammenhang werden nicht verziehen, sind nicht wiedergutzumachen und weisen darauf hin, dass hier ein Zusammenhang mit struktureller und kultureller Gewalt besteht.

Markus Euskirchen weist in seinem Buch: «Militärrituale» nach, wie Rituale einerseits einen inneren Zusammenhang herstellen und nach außen Herrschaft absichern. Er beschreibt, wie eine Überregulierung zur kulturellen Gewalt führt. Wer die Regeln nicht kennt oder nicht beachtet, wird ausgeschlossen. Da sich das hierarchische Gebaren im Geschäftsleben an den militärischen Regeln orientiert, lassen sich seine Erkenntnisse ins Berufsleben übertragen. Deutlich ist das in Schweizer Firmen zu sehen. Es ist im Ausland wenig bekannt, dass ihre Führungskräfte in der Regel auch den oberen Militärhierarchien angehören. So vermischen sich Firmen- und Militärkultur. Das bedeutet für Frauen, dass es wichtig ist zu wissen, wie das Militär funktioniert, wenn frau selbst weiterkommen will.

Euskirchen weist nach, dass Geschlechterkonstruktionen auf Männlichkeit ausgerichtet sind und keine Gleichheit entstehen lassen. Das ist strukturelle Gewalt und zeigt sich deutlich im Berufsleben, indem Frauen ausgeschlossen werden durch Firmen- und Zeitstrukturen, die an den Bedürfnissen beziehungsweise Voraussetzungen von Männern ausgerichtet sind.

Ob Blaumann oder Zweireiher – Berufsrituale

Im Business wird dasselbe erwartet. Der Zugang zu dieser Welt ist ebenfalls an Rituale gebunden. Sie sind zum Teil nur durch Einfühlung wahrzunehmen, andere sind feste Einrichtungen. Dazu gehören Vorstellungs- und Selbstpräsentationsrituale wie zum Beispiel eine Antrittsvorlesung im Hochschulbereich oder der Einstand im Geschäftsleben. Sie entsprechen Interaktionsritualen und beinhalten den Umgang miteinander, so wie er sich in dieser Organisation oder einem bestimmten Team entwickelt hat. Gruppen sind lebendige Systeme und produzieren als solche «Gebräuche».

Es wird erwartet, dass eine Einfühlung in die gewachsene Kultur stattfindet. Frauen machen sich genauso unbeliebt wie Männer, wenn sie als Neulinge alles anders machen oder damit beginnen, als neue Führungskraft radikal alte Zöpfe abzuschneiden.

Zwar gilt seit Jack Welch und Wendelin Wiedeking von Porsche der radikale Wechsel als durchaus akzeptierte Aktionsform, um träge Organisationen zu beleben, aber das ist nicht die Regel. Zu Beginn ist das zu früh. Neue müssen «akklimatisiert» sein, was bedeutet, dass sie sich Akzeptanz erworben und Rückhalt in der Gruppe erarbeitet haben. Auch Welch und Wiedeking durchliefen Jahre der Kulturangleichung, bevor sie die Unternehmenskultur ihrer Unternehmen revolutionierten.

Rituale dienen der sozialen Intensivierung und fördern damit den Zusammenhalt, der im genannten Beispiel vorhanden war und auf der anderen Seite zum Ausschluss führte.

Mit den von Ritualen und Regeln erzeugten Strukturen entsteht eine Ordnung, die Status herstellt, um damit in die Aura der Macht zu gelangen.

Tipp:
Was Sie im Berufsleben beobachten können und müssen:
- *Selbstinszenierungsrituale:*
  Wie tritt der Chef auf? Wer begleitet ihn, wer sitzt immer in seiner Nähe, wer ist sein «Alter Ego», sozusagen stets zu Diensten?
  Wenn es sich um eine jüngere Person handelt, ist es ein Hochdienritual. Hier unterwirft sich der Jüngere. In der Aura der Macht kann er still gedeihen. Voraussetzung: keine eigenen Interessen außer dem Ziel, die Nachfolge anzutreten. Das bedeutet: Der Fahrstuhl nach oben ist besetzt.
  Ist es eine gleichaltrige oder ältere Person, dann handelt es sich um ein Ausgleichsritual nach dem Motto: «Eine Hand wäscht die andere.» Hier scheint eine Verpflichtung oder eine Abhängigkeit vorhanden zu sein. Dieser Unterstützer ist gehorsam, der Diener seines Herrn. Er wird alle verraten, die dem Chef schaden wollen.
- *Platzrituale:*
  Wer hat welchen Parkplatz? Wie geht der Chef mit seinem Parkplatz um? Welche Sitzordnungen gibt es? Wie sind die Arbeitsplätze ausgestattet, welche Tabus gibt es?
- *Inszenierungen:*
  Wie präsentiert sich die Firma, wo? Was wird von Ihnen erwartet? Welche Marken werden bei Geschäftswagen verteilt – an wen?
- *Selbstpräsentation:*
  Wie ist der Stil in der Firma? Gibt es *do's and dont's*? Gibt es bestimmte Tage oder Anlässe, an die ein bestimmtes Outfit gebunden ist?

- *Initiationsrituale:*
  Wie werden neue Mitarbeitende eingeführt? Gibt es ein Vorstellungs- oder Präsentationsritual? Was sind die Erwartungen an sie, gibt es Gepflogenheiten?
- *Machtrituale:*
  Welche Demütigungsrituale werden von wem praktiziert? Zum Beispiel: warten lassen, Unzuverlässigkeit, Ideenklau, vorgeführt werden. Wie ist der Umgang mit Kritik oder Verbesserungsvorschlägen?
  Wie wird mit Frauen umgegangen? Werden sie höflich behandelt, aber inhaltlich ignoriert? Welche Positionen werden von Frauen besetzt? Wo sind sie ausgeschlossen?

Übung:

Männer lieben Rituale. Manche davon sind für Frauen gefährlich.

- Komplimente – schmeicheln – umgarnen = Vorsicht, so werden Sie weichgekocht und sitzen am Ende auf einer Menge Arbeit, die andere nicht tun wollen, um Kapazitäten für die Imagepflege freizuhalten.
- Freundlich, charmant vertrösten – auf den St.-Nimmerleinstag. Es dauert, bis bescheidene Frauen merken, was es bedeutet.
- Hinhalten statt ablehnen, nach dem Motto: Diplomatie ist, den Hund so lange zu streicheln, bis der Maulkorb fertig ist.

Welche kennen Sie noch?

_____

_____

_____

_____

_____

Tipp:
Beliebt sein hat zweite Priorität. Sie wollen Ihr Ziel erreichen!
- Lehnen Sie freundlichste Bitten freundlich lächelnd und bedauernd ab und verfolgen Sie Ihr Ziel! Sie haben ein Recht auf das NEIN. Vorsicht: Es funktioniert aufgrund hierarchischer Regeln nicht beim Chef oder sonstigen Machtinhabern, vor allem wenn Sie weiterkommen wollen.
- Achten Sie als Frau darauf, nicht zur «Servicetussi» zu werden, indem sie hilfsbereit Arbeiten erledigen, mit denen Sie sich kleinmachen oder kleingemacht werden sollen.

Übung:
50 Prozent qualifizierte Frauen bedrohen die Männer. Es gibt Strategien, um Frauen klein zu halten.
Welche kennen Sie?

_____

_____

_____

_____

_____

Das patriarchale System bindet Männer durch seine stillen Übereinkommen und schweißt sie zur verschworenen Gemeinschaft zusammen. Immer, wenn Regelverletzungen stattfinden, ist dies ein Aufruf zur Solidarisierung, die gebrochenen Regeln besser einzuhalten. Das verstärkt die Gemeinschaft und bekräftigt den Ausschluss.

Hier wird es für Frauen schwierig, wenn sie zur Regelbrecherin geworden sind. Dies umso mehr, da sie ja erst vereinzelt in hierarchischen Organisationen präsent sind. Durch ihre Vereinzelung fallen sie besonders auf. Sie sind sozusagen wie Albinos in einer Herde dunkler Wölfe. Sie fallen auf, sodass in der Regel verstärkt kritisch auf sie geachtet wird. Damit stehen sie unter besonderer Leistungs- und Verhaltenskontrolle. Das bedeutet auch, dass ihr Fehlverhalten besonders registriert wird. Rosabeth Moss Kanter spricht von einer hohen sozialen Sichtbarkeit. Das kann Erfolge zeitigen, aber gleichzeitig sind diese Einzelpersonen mit den vorhandenen Wahrnehmungsstereotypien konfrontiert. Immer als das Maß aller Frauen betrachtet zu werden belastet diese Frauen.

Entlastung wird, laut Kanter, erst eintreten, wenn ein Frauenanteil von mehr als 15 Prozent erreicht sein wird. Erst dann ist eine Vielfalt vorhanden, die in der Lage ist, die vorhandenen Wahrnehmungsstereotypien zurückzuweisen.

Die amerikanische Frauenrechtlerin Marie C. Wilson meinte: «Als die Erste und Einzige bleibt die Frau immer irgendwie suspekt und wird leicht zum Gespött. Solange wir nicht genügend verschiedenartige Frauen auf wichtigen Posten haben, müssen die wenigen, die an der Macht sind, immer für ihr ganzes Geschlecht sprechen und ganz allein die Bürde für viele Menschen tragen.»

Beispiel:
Sabine Billa ist eine Powerfrau. Als allein erziehende Mutter schafft sie es dennoch immer, präsent zu sein. Sie pflegt ihre Netzwerke so, dass sie immer auch persönliche Ziele darin unterbringen kann. Dabei sind ihr Frauennetzwerke ganz wichtig. Immer wieder produziert sie Ideen, mit denen sie und ihre Institution in der Öffentlichkeit in Erscheinung treten. Sie hat die Fähigkeit, sich unbeliebt zu machen, da sie wenig diplomatisch auftritt und sich durchsetzt. Ihre fachlichen Kenntnisse sind durchschnittlich. Aber sie verfügt über gute Kontakte nach oben und ist mit Organisationsmacht ausgestattet.

Dadurch gelingt es ihr immer wieder, Geldquellen zu entdecken und Aufträge hereinzuholen. Sie ist keine Sympathieträgerin. Stattdessen verfolgt sie ihre Ziele und lässt ein paar

Leichtverletzte an ihrem Karriereweg liegen. Sehr zu ihrem Vorteil: Ihr Chef befördert sie zur Hauptabteilungsleiterin. Und nun verhält sich Sabine Billa wiederum ganz weiblich, indem sie sich aus allen Frauennetzwerken zurückzieht und sich nach unten abgrenzt. Seilschaften sind mit ihr nicht möglich. So lebt sie das «Bienenköniginnensyndrom».

«Bienenköniginnensyndrom» – dieser Begriff bezeichnet das weibliche Anpassungsverhalten an die vermuteten Erwartungen der Männer, das viele Frauen zeigen, wenn sie weiter gekommen sind. Statt sich mit ihren Geschlechtsgenossinnen zu solidarisieren, um Seilschaften zu bilden, grenzen sich viele Frauen von den anderen ab. Sie tun es, um den Männer zu demonstrieren: Ihr habt richtig gewählt, ich bin nicht so wie die anderen Frauen.

Auch diese Verleugnung ist vom Patriarchat erzeugt. Die Psychologie spricht von der «Identifikation mit dem Aggressor» und meint, dass Menschen dazu neigen, sich unbewusst auf die Seite der Stärkeren zu schlagen.

Das hängt auch damit zusammen, dass Frauen sich untereinander in Konkurrenz um begehrte Geschlechtspartner befinden. Neben der Identifikation mit dem Aggressor gibt es eine Erotik der Macht. Sie zeigt sich am Interesse von Positionen, Besitz oder in der Verfügbarkeit von Geldmitteln.

Das Patriarchat ist das stärkere System. Frauen erhoffen sich, durch ihre Überanpassung, in das System aufgenommen zu werden oder größere Anerkennung und Würdigung zu erfahren, wenn sie sich mit Männern gegen Frauen verbünden.

Doch das funktioniert so nicht. Solidarität unter Männern ist etwas sehr Eintrainiertes und tritt in die Nähe von Loyalität und Treue. Das ist ein ungeschriebenes Gesetz und hat mit dem männlichen Begriff der Ehre zu tun. Männer wundern sich oft genug über den Umgang der Frauen untereinander, den die Sozialwissenschaften als «Stutenbissigkeit» bezeichnen, ein Vorgang, bei dem die Frauen sich ein Eigentor schießen, indem sie sich gegenseitig zerfleischen. Sie regeln so, was den Männern vielleicht Sorge gemacht hätte, und stärken das System.

Beispiel:
Bei einer hervorragend besuchten Veranstaltung eines Frauennetzwerkes hält die politisch aktive Frau R., die in der Öffentlichkeit durch die Medien sehr bekannt ist, einen Vortrag über die Beziehung und die Zusammenarbeit der Geschlechter.

In der sich anschließenden Diskussion widerspricht ihr eine Frau aus dem Plenum, die sich als Professorin und mit ihr befreundet ausgibt so, dass die Referentin bloßgestellt ist. Dieses Konkurrieren in der Öffentlichkeit ist unfair. Dafür gibt es andere Bühnen, denn Wettkampf zwischen Frauen wird als «Zickenkrieg» abgewertet. Frau R. kann sich kaum wehren. Sie will Schadensbegrenzung. Frauenrivalität hat sich hier in Reinform abgespielt und ist für die Presse ein Leckerbissen. Da wird gern auf den Inhalt verzichtet. Die Stimmung bei den rund 600 Besucherinnen ist spürbar belastet. Würden Männer sich das antun? Müssen Frauen das noch haben?

Im patriarchalen System der Männer können Frauen bestenfalls vorübergehend Akzeptanz finden.

Da sich diese Mechanismen tief im Unterbewusstsein abspielen, ist es wichtig, darüber nachzudenken, um sich diese und die eigene Beteiligung daran bewusstzumachen. Nur bewusstes Verhalten kann gesteuert und verändert werden.

Das patriarchale System wird sich nicht verändern, wenn es nicht gelingt, es zugunsten von Frauen und Männern gemeinsam von innen heraus zu beeinflussen.

Der Adel in Deutschland ist ein typisches Beispiel. Als er noch Bedeutung hatte, bediente er sich der Konstruktion von Abstammungsunterschieden, die es in der Realität gar nicht gibt. Um seine Macht und Vormachtstellung zu rechtfertigen, gab er vor, sich vom Volk durch sein blaues Blut abzuheben.

«To have power, is to be able to make a difference», so schreibt der englische Soziologe und Machttheoretiker Steven Lukes. Das bedeutet, dass Frauen nur gewinnen, wenn die machterzeugenden Differenzen verschwinden. Das geschieht dann, wenn beide Geschlechter erkannt haben, dass das, was vermeintliche Vorteile gegenüber Frauen sind, auch Männer benachteiligt.

Vereine und Militär – die Trainingslager der Männer

Männer sind mit Hierarchien vertraut, da sie auch in anderen männlichen Gruppierungen anzutreffen sind, zum Beispiel in Vereinen, im Militär oder in Organen wie zum Beispiel dem Gemeinderat. Sie wissen auch, dass es Spielregeln gibt, die es herauszufinden gilt, um sich selbst danach zu verhalten und ein guter Mitspieler zu werden. Daran erkennen die Mitarbeitenden, wer ein guter Mitspieler ist oder wird, auf wen man sich verlassen kann, weil er die Regeln kennt und einhält und damit fair mitspielt. Die ungeschriebenen Regeln der Hierarchie zu kennen und sich danach zu verhalten wird als loyales Verhalten angesehen. «Mann» gilt als zuverlässig und berechenbar.

Da Macht und Dominanz wichtige Elemente sind, ist es unabdingbar, den Machtinhaber zu respektieren. Das bedeutet zumindest, ihn nicht öffentlich zu kritisieren und seinen Anweisungen und Ideen Folge zu leisten. Unterordnung und Gehorsam oder auch Respekt und Loyalität werden erwartet.

Frauen tun sich schwer mit Akzeptanz und Unterordnung, wenn offensichtliches Fehlverhalten oder ihrem Empfinden nach Fehlaussagen gemacht werden. Sie glauben dann, einschreiten zu müssen. Was sie jedoch öffentlich korrigieren, kann beabsichtigt und Teil einer Strategie sein.

In jedem Fall werden sie doppelt zur Regelbrecherin. Zum einen, weil der Chef nicht korrekturbedürftig ist, zum anderen, weil sich hinter dem gezeigten «Fehlverhalten» eine Strategie verbergen kann. Einmischung in Angelegenheiten oder Äußerungen von Chefs durch Mitarbeitende sind unangebracht.

Strategisches Verhalten, Umgang mit Machtverhältnissen ist Frauen durch die weibliche Sozialisation eher fremd. Statt in streng regulierten Vereinen wie Sport, Feuerwehr oder im Militär finden sie eher im Sozialbereich ihr Übungsfeld und verfügen daher über eine hohe Sozialkompetenz, während hierarchische Kompetenzen völlig unterentwickelt sind.

Zusammenfassung

Hierarchien sind Ordnungsstrukturen. Es gibt Ränge und Regeln, die verbindlich sind.

Über viele Regeln wird nicht gesprochen. Diese inoffiziellen Regeln können vom Machtinhaber immer wieder geändert werden. Sie werden gelebt, nicht hinterfragt.

In Hierarchien geht es um Macht und Dominanz. Auch Hierarchien sind geprägt von gegenseitiger Abhängigkeit, aber die Machtinhaber verfügen über größere Spielräume. Die eingesetzten Strategien, die dem Machterhalt oder der Vergrößerung der Macht dienen, haben spielerischen Charakter und wiederholen sich – die Machtspiele. Sie dienen dazu, das Verhalten der Mitspielenden auszuloten, Beziehungen zu regeln und sachliche und persönliche Interessen durchzusetzen.

Da Machtinhaber wechseln können, kommt es leicht zu Instabilitäten. Um sich selbst den Einfluss und die Flexibilität zu erhalten, sind Undurchsichtigkeit und Unberechenbarkeit bei strategischem Verhalten wichtige Kriterien in Verbindung mit Zuverlässigkeit gegenüber Personen. Genau damit haben Frauen Schwierigkeiten. Sie möchten Orientierung und Offenheit, die unabhängig sind von strategischem Denken. Strategien werden von ihnen oft als manipulatives Verhalten abgetan.

Tipp:
- Als Neuankommende in hierarchischen Organisationen sollten Sie wissen, wie Hierarchien funktionieren. Rechnen Sie mit unausgesprochenen Regeln ebenso wie mit inoffiziellen Machtstrukturen. Informationen darüber gilt es zunächst durch Beobachten herauszufinden. Dazu ist es wichtig, immer wieder an inoffiziellen Treffen teilzunehmen: an der Kaffeerunde, am Pausengespräch oder Betriebsessen und Ähnlichem.
Hören Sie zu und beobachten Sie!
Versuchen Sie, gerade bei Abendveranstaltungen mit weniger Alkohol als die anderen auszukommen und lange durchzuhalten – so lange, bis sich durch Alkohol und Übermüdung bei den erfahrenen Kollegen die Zunge löst und die strategische Selbstkontrolle lockert. Geben Sie nicht zu viel von sich selbst preis und dosieren Sie strategisch, um Ihr Image aufzubauen.
- Beobachten Sie intensiv das Verhalten der Menschen, die für Sie wichtig sind. Damit gewinnen Sie Orientierung, und die Umgebung wird für Sie berechenbarer. Sie können feststellen, welche Interessen sich mit Ihren decken und welche Ihnen entgegenstehen. Bauen Sie sich eine Hausmacht auf, indem Sie Beziehungen zu einflussreichen Kollegen knüpfen. Schaffen Sie sich einen Rückhalt, in Parteien, Netzwerken, Organisationen und Verbänden. Engagieren Sie sich dort, wo mindestens Verbindlichkeiten als Gegenleistung entstehen. Investieren Sie kein Engagement, ohne sich die Frage zu stellen: Und wie profitiere ich davon?

Übung:
Beantworten Sie sich folgende Fragen:
- Welche zwischenmenschlichen Beziehungen bestehen untereinander? Wer ist mit wem irgendwie verbandelt?
- Zwischen wem bestehen Sympathien – oder Antipathien?

- Zwischen wem bestehen Rivalitäten – oder Bündnisse?
- Zwischen wem bestehen nachbarschaftliche Beziehungen oder Vernetzungen (durch Vereine, Fahrgemeinschaften, Schul-, Sport- oder Clubgemeinschaften)?
- Zwischen wem bestehen Verbindungen oder Kontakte der Ehepartner oder durch die Kinder?
- Wer ist wem verpflichtet, weil ja «eine Hand die andere wäscht» oder «eine Krähe der anderen kein Auge aushackt»?
- Wer hat das längste Insiderwissen?
- Welche Bereiche sind undurchsichtig oder könnten undurchsichtig sein?
- Wer ist die graue Eminenz (großer Einfluss bei wenig Präsenz)?

Mangelnde Transparenz aufgrund strategischer Vernebelungstaktiken stabilisiert die Machtverhältnisse. Sie entsteht dadurch, dass es viele verdeckte Machtquellen gibt. Offenheit wird nicht gepflegt, und wenn, dann nur sehr begrenzt. Persönliche Interessen verstecken sich hinter sachlichen Argumenten. Die Beziehungen untereinander sind schwer einzuschätzen, da die Allianzen und Rivalitäten strategisch genutzt werden.

4

Der Hierarchie-Code

Warum Männer sich größer und Frauen sich kleiner machen

Wollen erkennt man am Tun! – Wenn Männer sich in einer Wettbewerbssituation befinden, haben sie Zugang zu einem Wortspeicher, der schnell ein Vielfaches des üblichen unterstellten Wortverbrauchs verfügbar macht. Immer dann, wenn sie wahrgenommen werden wollen, zum Beispiel in Anwesenheit von Vorgesetzten oder Mitkonkurrenten, artikulieren sie wortgewaltig und setzen sich damit in Szene. Die Hirnforscher unterstellen Männern, dass sie pro Tag nur etwa 2000 Wörter «verbrauchen», während Frauen einen Output von rund 6000 Wörtern schaffen. Interessant dabei ist, dass Männer, obwohl sie anscheinend weniger Wörter verbrauchen, zumindest beruflich im Redeverhalten groß herauskommen. Anders die Frauen.

Zum einen sind sie noch vielfach mit dem Bescheidenheitskonzept aufgewachsen. Zum anderen halten sie sich zurück, da ihre Gesprächsabsichten auf Kontakt und Akzeptanz gerichtet sind. Bei diesem Sprechstil handelt es sich sozusagen um eine andere Liga. Wer in der Liga der Kuschelsprache spielt, wird im Durchsetzungsdschungel nicht ernst genommen oder wird überhört. Nun gilt es für Frauen, ein Maß zu finden, bei dem sie wahrgenommen und gehört werden und dabei gleichzeitig nicht die übersteigerten Inszenierungsrituale anerkennungssüchtiger Männer imitieren.

Kommunikation als Selbstinszenierung
Wichtige Kommunikationsziele sind für Männer neben den Sachinhalten auch die Selbstdarstellung und die Selbstbehauptung. Aus diesem Grund zeichnen sich die kommunikativen Auftritte der Männer nicht durch Bescheidenheit aus. Haben sie einmal das Wort ergriffen, versuchen sie es auch zu behalten. Männern wird ein expansives Gesprächsverhalten zugeschrieben, während das Sprechen der Frauen als integrierend bezeichnet wird. Frauen geht es in Gesprächen weniger um Wirkung, sondern in erster Linie darum, die Gesprächsatmosphäre positiv zu gestalten, die Sprechenden zu verstehen, Nähe zu erzeugen und andere immer wieder ins Gespräch mit einzubeziehen. Ihr Gesprächsverhalten hat in erster Linie zum Ziel, Verständnis zu erzeugen und selbst Akzeptanz zu erhalten. Ihre höflich-soziale Zurückhaltung im Gespräch macht dabei für andere die Bühne frei und lässt sie selbst in den Hintergrund treten.

Beide Geschlechter verfolgen unbewusst verschiedene Gesprächsziele: Männer stellen sich und ihre Anliegen bevorzugt selbst dar, während Frauen ins Gespräch kommen, um sich mit anderen auszutauschen. Beide Verhaltensweisen sind wertvoll und wichtig, wenn sie bewusst und gezielt eingesetzt werden.

In Talkrunden ist das geschlechtsspezifische Gesprächsverhalten gut zu beobachten, vor allem wenn es um politische Diskussionen geht, in denen immer auch um die Gunst der Zuschauenden konkurriert wird.

Frauen müssen erst lernen, sich im Gespräch mit Vorgesetzten oder forschen Kollegen hörbar zu machen, das Wort zu behalten und gelegentlich zu überlegen:
- Was ist mein Gesprächsziel?
- Auf welcher Bühne befinde ich mich?

- Mit wem habe ich es hier zu tun?
- Welchen Rückhalt habe ich?

Das traditionelle weibliche Verhaltenskonzept fordert, dass Frauen sich im Gespräch diskret verhalten und warten, bis die Reihe an ihnen ist. Hierbei erfahren sie zwar Akzeptanz, aber sie werden nicht als wesentlich wahrgenommen und treten dadurch weniger in Erscheinung. In Konkurrenzsituationen bringt sie ihr defensives, rücksichtsvolles Verhalten in Gefahr, Opfer eines konfrontativen, offensiven Gesprächspartners zu werden, der sie überrollt. Gerade in diesen Situationen wittern Männer ihre Chance und holen gewaltig auf. Die «stummen Fische» werden zu selbstgefälligen Selbstinszenierungsdiven.

Für Frauen gilt es, ihre vorhandenen Qualitäten wirkungsvoll darstellen zu lernen, um sich damit vor Verzwergung zu schützen. Wenn frau in Konkurrenzsituationen zu lange wartet, verspielt sie Chancen. Frauen brauchen Strategien, um sich in Gesprächssituationen wirkungsvoll selbst ins Bild zu bringen. Statt abzuwarten, bis die Chancen vertan sind, geht es darum, sich das zu nehmen, was sie brauchen. Wettbewerb findet nicht einseitig statt. Denn: «Wer nicht kämpft, hat schon verloren», dieses Motto gilt.

Die Linguistin Deborah Tannen beschreibt das weibliche und männliche Sprachverhalten als unterschiedliche Dialekte, die sich durch den Aufenthalt in verschiedenen sozialen Umgebungen ausgebildet haben. Sie spricht von *Beziehungssprache* und *Konkurrenzsprache*. Diese verschiedenen Sprachstile führen auch zu unterschiedlichen Interpretationen der vermittelten Inhalte.

Der Psychologe Professor Friedemann Schulz von Thun hat herausgefunden, dass jede Nachricht unter vier Aspekten gesendet oder auch gedeutet werden kann. Welchen Aspekt der Sprecher oder die Sprecherin («Der Sender») benutzt, muss vom Empfangenden geklärt werden. Ebenso wenig eindeutig ist, welchen der Aspekte die Empfänger bei der Deutung auswählen.

Die Deutungs- oder Sendegewohnheiten der Sprechenden hängen davon ab, in welcher Sprachwelt sie sich befinden. Schulz von Thun hat folgende Aspekte vorgestellt:

SprecherIn
EmpfängerIn

1. Sachebene:
   Worüber ich informiere.
   Wie soll ich den Sachverhalt verstehen?

2. Selbstdarstellungsebene:
   Was ich über mich aussage.
   Was soll ich von ihm/ihr denken?

3. Appellebene:
   Wozu ich dich veranlassen möchte.
   Was soll ich denken, fühlen, tun?

4. Beziehungsebene:
   Wie ich dich und unsere Beziehung sehe.
   Wie stehen wir zueinander?

Wenn Frauen und Männer in unterschiedlichen Sprachwelten leben, spielen diese auch eine große Rolle beim Senden und Interpretieren der Nachrichten. Es ist also zu fragen, wer spricht, in welchem Kontext? Betrachtet man den beruflichen Kontext der Männer, dann wird klar, dass im Berufsleben andere Werte gelebt werden als im persönlichen Bereich. Männer befinden sich beruflich in Dauerkonkurrenz. Sie müssen sich positionieren und anzeigen, wer das Sagen hat, egal, ob ihnen ein Mann oder eine Frau gegenüber auftritt.

Statt es wie Frauen auf der Beziehungsebene zu klären («Wie stehen wir zueinander?»), ist klar, dass es sich um eine Konkurrenzbeziehung handelt. Das heißt, dass die Beziehung zwischen Kollegen und Kolleginnen eine Konkurrenzbeziehung ist. Auf dieser Ebene wird dann vermittelt, was zu erwarten ist, wenn man sich miteinander misst. Keinesfalls ist mit Offenheit zu rechnen; hier wird verdeckt geredet, indirekt angedeutet und gegebenenfalls auch hinten herum agiert.

Frauen dagegen möchten auf der Beziehungsebene offen abklären, wie die Beziehung einzuschätzen ist: Wie ist das persönliche Verhältnis; wie kann miteinander kooperiert werden?

Das Sprachverhalten von Frauen hat bessere Möglichkeiten, um Gefühle auszudrücken. Bei Problemen erläutern sie gerne, wie es zu ihnen kam. Das wiederum finden Männer nicht so wichtig. Sie bleiben beschreibend beim Sachverhalt und interessieren sich für die Lösung. Verständnis für die Vergangenheit gewichten sie anders. Vor diesem Hintergrund ist verständlich, dass Männer und Frauen sich im Berufsleben sprachlich anders ausdrücken, da sie unterschiedliche Werte und andere Ziele haben.

Beziehungsebene bedeutet für Männer messen und konkurrieren. Für Frauen geht es dabei um die Werte Kooperation und Akzeptanz.

Beispiel:
Die Mitarbeiterin, Mutter eines Kleinkindes, kommt öfter zu spät. Auf der Beziehungsebene, die als Kooperation verstanden wird, könnte dieses Verhalten bei zur prosozialen Dominanz neigenden Frauen als Problem gedeutet werden. Was ist der «Auslöser»? Hat sie ein Problem?

Ist die Beziehung von Konkurrenz und Dominanz geprägt, dann geht die Deutung in eine andere Richtung: Was glaubt sie, wer sie ist? Was nimmt sie sich heraus?

Im Privatleben gibt es ebenso Missverständnisse wie im Berufsleben. Allerdings erfolgen im Beruf oft Sanktionen, die sich auf das Fortkommen auswirken. Wenn sich Missverständnisse zwischen einem Chef und der Mitarbeiterin ergeben, regeln die Machtverhältnisse die Folgen. Diskutiert wird dabei kaum. Man lässt die Konsequenzen spüren – im hierarchischen Gefälle quasi ein Kinderspiel.

Konkurrenzstil und Sozialstil
Dietrich Schwanitz macht den männlichen Gesprächsstil für die Entpersönlichung in der Kommunikation verantwortlich. Da es im Beruf darum geht, Distanz zu halten, um sich nicht zu offenbaren, ist dieser Sprachstil hierarchisch akzeptiert. Der Gesprächsstil der Männer dient auch dazu, Status zu erzeugen und darzustellen. Sachlich distanziert dozieren und belehren die Herren. Immer in Konkurrenz ist ihnen ihre Selbstdarstellung wichtig. Um die eigene Souveränität durch Kontrolle zu erhalten, sind Monologe geeigneter als spontaner Austausch im Gespräch, da bei Letzterem die Gefahr besteht, zu viel von sich selbst preiszugeben.

Beispiel:
Ein Regierungsrat wurde gefragt, ob er denn schon mit Frauen zusammengearbeitet habe und was da anders sei. Er berichtete von der Kooperation mit einer Chefin, der er untergeordnet war. Eines Tages habe sie ihn gefragt, ob seine Haare im Sommer auch ganz anders seien als im Winter. Das habe ihn total verunsichert. Nie wäre sein vorheriger Chef auf die Idee gekommen, eine derartige Frage zu stellen. Total verunsichert sei er gewesen. Er habe nicht gewusst, wie er diese Frage beantworten sollte.

Die Konkurrenzsprache
Männer fallen in Gesprächen immer wieder unbewusst in Rivalitäten, so, als gälte es ständig irgendwelche Todfeinde abzuwehren. Entsprechend ist das Sprechverhalten dazu da, Rivalen zu beeindrucken, um sie aus der Konkurrenz zu schlagen. Das beginnt mit dem Gesprächsthema. «Mann» bespricht Sachthemen,

bei denen man groß herauskommt. Persönliches kommt nicht vor, es sei denn in Form von exquisiten Leistungsnachweisen – oder man ist am Austausch von Informationen interessiert. Dabei ist es wichtig, sich die Gesprächspartner auf Distanz zu halten. Sie sollen sehen, wen sie vor sich haben: Hier spricht der Boss, der Könner, der alles weiß und alles besser kann, wenn auch nur in der Theorie.

Bei diesen Auftritten handelt es sich, vor allem Frauen gegenüber, um ein ungleiches, *asymmetrisches* Gesprächsverhalten. Einziges Ziel ist die Selbstinszenierung. Dazu eignen sich Monologe und Belehrungen. Konversation ist nur beliebt, wenn man die Kontrolle über die Themen behält. Die Themenauswahl beschränkt sich bevorzugt auf Sport oder Events. Das ist am unverfänglichsten, denn hier kann viel geredet werden, ohne etwas von sich zu sagen. Dennoch wird Kontakt gehalten.

Beziehungssprache

Beim weiblichen Sprechverhalten handelt es sich um einen sozialen Gesprächsstil, der darauf abzielt, die Nähe zum Gesprächspartner oder zur -partnerin herzustellen. Es werden sachliche und persönliche Themen besprochen. Ziel ist es, sich auszutauschen, um sich kennen zu lernen und Verbindungen, Nähe und gegenseitiges Verstehen herzustellen. Somit handelt es sich um einen Kommunikationsstil, der persönlich geprägt ist und mit dem sich die PartnerInnen auch gleichberechtigt behandeln. Dieser Gesprächsstil wird als *symmetrisch* bezeichnet.

Dieses persönliche, zu Intimität neigende Gesprächsverhalten ist Männern unheimlich, und sie fürchten sich davor. Die Themen haben persönlichen Bezug, und womöglich wird «Mann» gefragt, was er empfindet. Das ist bedrohlich. Noch nicht einmal der Revierinhaber schaut genau hinein. Denn das zielt auf Selbstoffenbarung und gefährdet das bedeckte Verhalten. Hier droht Kontrollverlust, und dabei kann das Konstrukt der männlichen Identität zusammenbrechen. Da hilft nur eines:

Themenwechsel, Blödeln oder dumm stellen, Witze machen auf Nebensächlichkeiten ausweichen und über fehlende Logik klagen oder schweigen.

Da beide Geschlechter jeweils ihren Gesprächsstil als richtig und gängig bewerten und sie sich dieser Unterschiede wenig bewusst sind, fühlen sie sich durch die wahrgenommenen Differenzen bedroht oder persönlich angegriffen und in Frage gestellt. Frauen bezeichnen Männer als kommunikationsunfähig, Männer hingegen erleben Frauen, vor allem im Berufsleben, als nicht kompetent, provozierend, distanzlos und bedrohlich.

Frauen sprechen in hierarchischen Systemen den Sprachstil, den sie in ihrer Sozialisation geübt haben. Das bedeutet, dass sie meist offen und konfrontativ zur Sache kommen. Ihr Gesprächsverhalten ist direkt und selten strategisch abgestimmt.

Dieses Verhalten entspricht den Gepflogenheiten in Hierarchien überhaupt nicht. Viele Probleme, die zu Karriereverhinderern wurden, haben hierin ihre Ursache.

Zusammenfassung

Frauen und Männer unterscheiden sich im Sprachverhalten.

Das Sprachverhalten ist vom Denken und Empfinden geprägt und wird durch die gesellschaftliche und persönliche Kultur beeinflusst. Männer bevorzugen Fach- und Informationsgespräche oder Themen, die keinen persönlichen Bezug haben. Ihr Satzbau ist einfach in Haupt- und Nebensätze gegliedert. Thematisch bevorzugen sie es, Themen nacheinander zu besprechen, während Frauen im Gespräch verschiedene Themen und Ebenen miteinander in Bezug stellen.

Beispiel:
«Das Projekt ist eigentlich abgeschlossen, aber ich frage mich jetzt, ob ich wirklich alle Aspekte berücksichtigt habe.» Hier handelt es sich um ein für Frauen typisches Sprech-Denken, Während sie sprechen, nehmen sie Gedanken in den Satz auf. Genau das wirkt auf Männer verwirrend. Sie wissen bei solch einem Satz oft nicht, ob das Projekt abgeschlossen ist oder nicht.

Die Sprache der Frauen ist eine sehr persönliche Sprache, die nach Verbindung und Nähe trachtet. Ihr Wortschatz ist beziehungsorientiert. Oft lassen Frauen dabei ihre Erlebnisse einfließen und erwarten, dass man sich darüber austauscht, was für Männer bedrohlich ist, zumindest im Berufsleben. Sie wollen im Gegensatz zu Frauen nicht transparent sein.

Um sich in der männlich geprägten Kultur des Berufslebens Gehör zu verschaffen, ist es notwendig, den Code der Männer mit zu benutzen, denn schließlich können Ziele nur verwirklicht werden, wenn die anderen verstehen, um was es geht.

Einer der mächtigsten Redner, der englische Premierminister Winston Churchill, empfahl für wirkungsvolles Sprechen, alte und kurze, sogar einsilbige Wörter zu verwenden, weil diese gehört werden und in die Seele gehen.

Frauen sind nach der Code-Switching-Hypothese bestens in der Lage, sich den sozialen Erwartungen auch sprachlich anzupassen. Es gelingt ihnen gut, verschiedene Sprechstile zu pflegen. Voraussetzung dafür ist, dass frau die Notwendigkeit dieser Anforderungen zur Kenntnis nimmt.

Tipp:
- Klipp und klar: Bereiten Sie sich auf Gespräche vor und gewöhnen Sie sich an, Fünf-Wort-Sätze zu sprechen.
- Beginnen Sie ein neues Thema erst, wenn das vorausgehende abgeschlossen ist.

- Professionalisieren Sie sich sprachlich und verwenden Sie Fachausdrücke.
- KISS: Keep it short and simple – erlernen Sie den Informationsstil.

Sprachliche Todsünden im Beruf:
- Verniedlichen: «… reizend, nett, süß …»
- Unschärfemarkierer: «Irgendwie finde ich, eigentlich …»
- Verstärker: «… wirklich, ehrlich, tatsächlich …»
- Sprechen Sie lösungsorientiert statt problemerörternd.
- Belegen Sie Ihre Aussagen mit Zahlen, Daten, Fakten.
- Verzichten Sie auf Übertreibungen und Wiederholungen.

5

Die Sprache der Hierarchie – Indirektheit

Wer in einer Organisation das Sagen hat, ist nicht immer ganz einfach zu ermitteln, weil in Hierarchien Macht nicht immer direkt ausgeübt wird, also durch Druck oder Zwang. Das findet so nur in Ausnahmefällen statt, zum Beispiel, wenn Veränderungen rigide durchgesetzt werden müssen oder der Ruf des Unternehmens beziehungsweise Machtinhabers gefährdet ist. Zur hierarchischen Kultur gehören sanftere Methoden, die dem Umgang mit Macht eine Eleganz verleihen, gleichzeitig aber auch – und das ist beabsichtigt – Unsicherheiten erzeugen.

Das wirkungsvolle Mittel hierfür ist die Indirektheit – im sprachlichen Ausdruck wie auch im Verhalten. In der Kommunikation besteht sie darin, Themen anzudeuten und im Vagen zu belassen. Die Betroffenen wissen, um was es sich handelt, der Rest ist ausgeschlossen. Da alle wissen, dass Macht im Hintergrund ein gewichtiger Faktor ist, kann die Machtausübung quasi spielerisch gehandhabt werden. Das bietet strategische Vorteile.

Zum einen entsteht durch das damit verbundene bedeckte Verhalten eine Unberechenbarkeit, zum anderen ist durch sie eine größere Flexibilität gewährleistet. Indirektheit zeigt sich im Verhalten, wenn beispielsweise Konflikte nicht direkt ausgetragen werden, sondern die betroffenen Mitarbeiter auf einem Abstellgleis landen, damit sie selbst kündigen. Es zeigt sich auch in Wünschen nach dem Motto: «Ihr Wunsch ist mir Befehl.»

Chefs mögen direkte Kontakte zu Mitarbeitenden (Untergebenen) nicht besonders. Um ihre eigenen Unzulänglichkeiten bedeckt zu halten, ist es ihnen wichtig, sich auf diese Kontakte vorzubereiten, um nicht überrumpelt zu werden. Dies direkt mitzuteilen wäre unfein. Es gilt daher die Regel, es die Betroffenen spüren zu lassen und die Erfahrung als Lehrmeisterin einzusetzen.

Beispiel:
Frau Burgmeister, eine spontane, engagierte Mitarbeiterin, hatte eine Geschäftsidee, die sie sofort mit Zustimmung ihres Chefs umsetzen wollte. Sie suchte ihn daher umgehend auf. Aus diesem Gespräch ging sie mit zwei Zusatzaufgaben heraus, sodass sie die nächste Zeit beschäftigt war und ihren Ideen nicht nachgehen konnte.

Der Volksmund hat eine alte hierarchische Weisheit zu einem Spruch zusammengefasst:
Gehe nie zu deinem Fürst, wenn du nicht gerufen wirst!

Indirektheit ist immer mehrdeutig und damit ein vorzügliches Navigationsmittel in schwierigen Situationen. Es ist zudem strategisch wertvoll, da Eindeutigkeit fehlt und die Berechenbarkeit schwierig ist, was die Flexibilität erhält. Indirektheit ist der Joker im Spiel um die Macht!

Direktheit und Indirektheit sind Verhaltensweisen, die von Frauen und Männern sehr unterschiedlich genutzt werden; sie werden geradezu gegensätzlich von beiden Geschlechtern eingesetzt. Vermutlich liegen die größten Missverständnisse von Frauen und Männern im Umgang miteinander, gerade auch im Berufsleben, hierin begründet.

Indirektheit bei Frauen

Indirektes Verhalten pflegen Frauen in anderen Situationen als Männer. Sie äußern Wünsche und Ziele meist indirekt und wundern sich, wenn Männer darauf anders reagieren als erwartet.

Um es deutlicher auszudrücken, sie reagieren oft gar nicht.

Beispiel:

«Schau mal, da ist ein nettes Café», sagt die Frau und meint damit: Hier könnten wir doch einkehren.

Da diese indirekte Botschaft nicht verstanden wird, bestätigt der Begleiter bestenfalls diese Feststellung, ohne den Wunsch dahinter zu erkennen, und läuft weiter. Beste Voraussetzungen für atmosphärische Verschlechterungen.

Würde hingegen der Chef des Ehemanns diese Äußerung von sich geben, geriete dieser vermutlich ins Nachdenken und würde zurückfragen: «Was meinen Sie damit?»

Neben Zielen sprechen Frauen auch Anweisungen und Anordnungen indirekt an. Das hat zur Folge, dass Männer derartigen Aufforderungen nicht nachkommen, weil sie keine Verbindlichkeit in der Formulierung erkennen. Die Absicht der Frauen in dieser Indirektheit ist ein zurückhaltendes Höflichkeitsritual. Genau dieses Ritual wird bei Männern als Unverbindlichkeit gedeutet. Das Ergebnis dieser zwischengeschlechtlichen Kommunikation sind Missverständnisse.

Indirektheit als Höflichkeit findet sich bei Frauen auch in anderen Kommunikationssituationen. Sie möchten in der Beziehungsorientierung viel über die Gesprächsteilnehmenden erfahren und geben ihnen im Gespräch Raum, statt sich diesen selbst zu nehmen, um sich einzubringen, darzustellen und durchzusetzen. In beruflichen Gesprächen positionieren Frauen sich damit nicht und werden als nicht kompetent wahrgenommen.

Direktheit bei Frauen
Die weibliche Sozialisation produziert Direktheit auf anderem Gebiet. Frauen ist, wie bereits erläutert, die Beziehungsorientierung wichtig, und hier stellt Offenheit einen maßgebenden Wert dar. Das bedeutet, dass sie ihre Gesprächspartner oder -partnerinnen immer dann direkt ansprechen, wenn es ihnen darum geht, Beziehungen zu klären und Probleme oder Konflikte zu lösen. Dabei rollen auch Tränen, wenn es um Verletzungen oder Trauer geht. Frauen zeigen Betroffenheit oder Gefühle wie Freude und Liebe oder Enttäuschung direkt.

Indirektheit bei Männern
Männer tun sich exakt mit diesen weiblichen Verhaltensweisen schwer. Direkt zu Problemen befragt oder in Konflikten mit ihrem Verhalten oder gar den Gefühlen konfrontiert, verstummen sie. Ihnen fällt da gar nichts mehr ein. Sie müssen erst einmal herausfinden, was sie empfinden, und dann sind Gefühle ja nichts genau Fassbares, Greifbares. Wie soll «Mann» darüber Verbindliches aussagen?

Hier handelt es sich schließlich nicht um Zahlen, Daten, Fakten, sondern um etwas schwierig zu Fassendes, Abgründiges, und welche Strategie soll da greifen? Um strategisch beweglich zu bleiben, darf man sich nicht festlegen.

Gefühle sind Unsicherheitszonen. Kein Mann will sich diesbezüglich offenbaren, berechenbar werden und sich dabei auch noch festlegen. Morgen könnten die Gefühle anders sein, und dann hat man eine falsche Aussage gemacht.

Zu Trauer und Enttäuschung zu stehen widerspricht dem Männlichkeitskonzept und würde die Konkurrenten erstarken lassen, denn damit werden Empfindlichkeiten sichtbar. Ein Mann verliert nie, er gewinnt immer, und sei es auch nur an Erfahrung.

Enttäuschung wird zu Überheblichkeit, Trauer wird rationalisiert. Mann will sich bedeckt halten. Beobachten Sie Politiker am Wahlabend: Keiner hat verloren. Nur das Ergebnis ist anders ausgefallen als erwartet! Und irgendwie haben sie dann doch ein wenig gewonnen.

Schwächen, Niederlagen, Probleme – alle Emotionen außer Wut sind Verhaltensweisen und Situationen, die nicht in das konkurrenzorientierte Männlichkeitskonzept passen. Über sie wird nicht gesprochen, es sei denn indirekt und andeutungsweise.

Eine beliebte Todesart von Männern ist das Sterben am Herzinfarkt. Dieser Tod steht in Zusammenhang mit der Arbeit am Erfolg, da das Hinscheiden in Verbindung mit Arbeit und Leistung gebracht werden kann. Der Herzinfarkt ist, psychosomatisch gesprochen, in der Nähe von Ängsten anzusiedeln. Er hat mit Enge zu tun.

Aber dieses Gefühl muss infarktiert werden, was so viel bedeutet wie, dass es absterben muss. Ein Mann stirbt eher an Überarbeitung als an gebrochenem Herzen.

Oft verlangen Frauen von Männern, dass sie sich endlich entscheiden sollen, und drohen eventuell mit irgendwelchen Konsequenzen. Entscheidungen sind Festlegungen. Es könnte sein, dass man dazu nicht bereit ist, aber seine Unfähigkeit auch nicht einräumen möchte. Da gilt es abzuwarten. Das hat einen schönen Vorteil.

Es ist gleichzeitig ein kleines Machtspiel, an dem sich bei der realisierten oder nicht realisierten Drohung zeigt, wer der/die Stärkere ist.

Ein indirektes Vorgehen wirkt bedrohlicher und bringt Männer eher auf Trab: statt einer konkreten Drohung lediglich das vage (handlungsorientierte) Andeuten von unbestimmten Konsequenzen.

Beispiel:
«Wenn das so weitergeht, muss ich schauen, wie ich mich verhalte. Es gibt immer wieder neue Einflüsse, und ich möchte vor-

ankommen und mein Leben neu ausrichten, andererseits schätze ich an dir …»

Was könnte damit gemeint sein, gibt es Konkurrenten? Vernebelung kombiniert mit Bestätigung. Das bringt den Mann zum Nachdenken und hält ihn vom Flüchten ab, denn da war ja noch etwas …

Indirektheit hat den Vorteil, sich selbst nicht festzulegen und andere damit in Unsicherheit zu halten. Eine ideale Methode im Spiel um die Macht und den Erhalt der Macht.

Beispiel:
Bei der Spekulation darüber, ob der Kleinwagen SMART demnächst in den USA angeboten werden wird, äußerte sich Daimler-Chef Zetsche indirekt, statt sich mit folgender Aussage festzulegen: «Es gibt eine eindeutig positive Tendenz.» Sollten sich bei den Verhandlungen Änderungen ergeben, hätte er sich nicht festgelegt.

Indirektheit ist die Kulturform der Hierarchie, um nicht zu brüskieren und Konflikte zu vermeiden.

Aussagen wie «Auf diese Idee kommen wir später zurück» oder «Da gilt es noch genauer hinzusehen» signalisieren Desinteresse und bedeuten, dass genau das Gegenteil geschieht, nämlich gar nichts. Wenn eine Meinung respektiert wird, ist das ein Signal für einen Außenseiter, dass man sie nicht teilt. Mit Killerphrasen wie «Das ist grundsätzlich richtig, aber …» oder «Ein interessanter Aspekt, aber …» dienen dazu, Ideen anderer diskret abzuschmettern, ohne dies direkt auszusprechen.

Zum indirekten Verhalten zählt auch das Prinzip des Nichttuns. Solange Nichtstun Vorteile bringt (zum Beispiel sich nicht entscheiden oder bekennen zu müssen), wird ein Mann nichts tun.

Er bedient sich des Totstellreflexes und wartet ab. Das kommt einem emotionalen Winterschlaf gleich. Er verbraucht keine Energien und beobachtet den weiteren Verlauf. Frauen hingegen engagieren sich, bringen sich ein, arbeiten und bearbeiten andere und zeigen damit, was ihnen wichtig ist. Gleichzeitig verbrauchen sie dabei viel Energie, während andere gelassen zusehen und abwarten.

Konflikte sind ebenfalls ein Thema, das mit Emotionen verbunden ist. Das direkte Austragen von Konflikten ist eine Art Offenbarung. Konflikte sind zudem gefährlich, weil man dabei seine Kontrolle verlieren kann und Gefahr läuft, zu viel von sich preiszugeben. Daher werden in Hierarchien Konflikte indirekt gehandhabt.

Wenn ein Chef sich ärgert, wird er sich das nicht direkt anmerken lassen, was ja einer Selbstoffenbarung gleichkäme. Er leitet Ärger in Verhaltenskonsequenzen um, um andere die Konsequenzen spüren zu lassen. Missstimmungen werden nie direkt zugegeben. Aber man merkt, da ist plötzlich Sand im Getriebe. Die Kooperationsbereitschaft lässt nach, Umständlichkeit und Verzögerungen sind angesagt. Selbstverständlich wird niemand offen aussprechen, um was es eigentlich geht.

Wenn Frauen dem eigenen Unbehagen Ausdruck verleihen und den Betreffenden ansprechen, etwa: «Ich habe das Gefühl, dass in der letzten Zeit unsere Zusammenarbeit schwierig geworden ist», dann lautet wahrscheinlich die Antwort: «Das muss dann an Ihnen liegen, bei mir ist alles in Ordnung…» Sagt's und verduftet in sein Büro oder versinkt hinter wichtigen Akten, was bedeuten soll: «Stör' mich nicht länger.»

Alternativ dazu könnte auch eine Vernebelungsaktion stattfinden mit den Worten: «Kann schon sein.» Danach folgt Aktion Hasenfuß: Fluchtverhalten in die Beschäftigung oder aufs Männerklo.

Beispiel:
Während eines Seminars waren die Teilnehmer, ausschließlich Männer, empört über einen Referenten. Sie beschwerten sich über ihn, da sie mit der Vermittlung der Lerninhalte nicht zufrieden waren und seine Kompetenzen in Frage stellten. Der Institutsleiter musste zur Beschwichtigung anreisen. Ich wurde im Zusammenhang mit dem Seminarthema «Konfliktmanagement» von den Teilnehmern über diesen Vorfall unterrichtet. Die Abschlussbesprechung mit allen Dozenten und der Teilnehmervertretung nahte. Es sollte eine Rückmeldung über die Qualität des Kurses und der Dozenten sein.

Ich war gespannt, wie sich diese für den Dozenten peinliche Situation gestalten würde, und mutmaßte, dass der Betroffene vielleicht nicht käme.

Ganz im Gegenteil: Er kam, trat auf und setzte sich ins Szene, indem er sich und den Kurs lobte. Von Konflikten war nicht die Rede (obwohl viele, vielleicht alle, es besser wussten). Sein Thema war sein (!) außerordentliches Engagement. Der Dozent, hatte keine Hemmungen, vor allen seine Erfolge darzustellen, und niemand widersprach ihm oder widerlegte ihn ...

Direktheit bei Männern
Es gibt Bereiche, wo Mann es sich leisten kann beziehungsweise muss, direkt vorzugehen. Für Männer ist es wichtig, Ziele direkt vorzugeben und direkt und deutlich dafür zu sorgen, dass diese auch erreicht werden – ansonsten droht Gesichtsverlust im Konkurrenzkampf.

Die Anweisungen fallen so eindeutig aus, dass alle wissen, was wie schnell zu erledigen ist. Da wird nicht lange mit Höflichkeitsfloskeln herumgefackelt, damit nicht irgendwelche Hintertürchen für Ausreden offen bleiben im Sinne von: «Ich hatte das anders verstanden.»

Auch wenn es um die Einhaltung hierarchischer Regeln oder das Aufrechterhalten von Strukturen geht, wird direkt eingegriffen, vor allem auch dann, wenn etwas schnell befolgt oder erledigt werden muss oder wenn es keiner strategischen Überlegungen mehr bedarf. Wenn die Würfel gefallen sind, ist die Entscheidung getroffen. Jetzt wird gehandelt, also direkt eingegriffen.

In welchen Situationen verhalten sich Männer indirekt? Sie verhalten sich genau in den Situationen indirekt, in denen Frauen sich direkt verhalten. Das sind zum Beispiel:
- unangenehme Wahrheiten,
- Kritik,
- Konflikte,
- Persönliches und
- Emotionen, außer Wut.

Übung
Wie verhalten Sie sich indirekt? Prüfen Sie sich selbst:
- Fragen statt Feststellungen
- Schweigen – schmollen
- Verzögern statt verweigern
- Auflaufen lassen
- Unverbindlich bleiben
- Totstellreflex
- So tun, als ob (da nichts gewesen wäre)
- Immerwährende Freundlichkeit
- Political Correctness (also berechnetes Verhalten)
- Sich bedeckt halten
- Indirektheit im Sprachgebrauch
    - Produktive Konkurrenz statt Machtkampf
    - Freistellen statt kündigen
    - Wertfrei sprechen, um nicht entdeckt zu werden

Indirektheit als Machtindikator

Da Macht das ausschlaggebende Element in Hierarchien verkörpert und alle Beteiligten davon wissen, brauchen Machtinhaber ihre Energien nicht in deutlich wahrnehmbaren Kampfhandlungen zu vergeuden. Ihre Macht gestattet es ihnen, sanftere Methoden als Druck und Zwang einzusetzen. Diese sind lautloser und nicht offen von allen zu bemerken. Nur die Betroffenen und die in ihrer Nähe wissen, um was es geht. Elegant – nicht war? Ja, und förderlich für die Unternehmung, denn wenn so wenig wie möglich Mitarbeitende von diesem Spiel mitbekommen, sind die Störungen der Betriebsabläufe geringer. Da die Aggressionen verdeckt ablaufen und rationalisiert werden können, sind Solidarisierungen schwer zu erreichen.

Vordergründig erscheinen indirekte Verhaltensweisen als höflich, manchmal als unverbindlich. Wer die Regeln kennt, weiß, dass Indirektheit in Verbindung mit Macht absolut verbindlich ist. Je höher der Rang, desto größer ist das Machtpotenzial. Machtinhaber erkennt man am Volumen ihrer Indirektheit. Je größer das Machtpotenzial, desto indirekter das Verhalten, sowohl verbal als auch in Gestik und Mimik.

Je weniger konkret die Äußerungen, desto mehr sind die Untergebenen darauf angewiesen, die Zeichen und Symbolik zu verstehen, desto größer ist deren Abhängigkeit. Umso wichtiger, über diese unausgesprochenen Regeln Bescheid zu wissen. Treffend sagt der spanische Schriftsteller und Jesuit Gracian in seinem Buch «Handorakel und Kunst der Weltklugheit»: «Enthülle nicht zu viel von dir und halte andere damit in Abhängigkeit!»

Es ist das Privileg der Mächtigen, keine Vorschriften machen zu müssen, sondern Wünsche anzudeuten, denn wie heißt es so schön: Ihr Wunsch ist mir Befehl. Vage Andeutungen und Mehrdeutigkeit sind eine Art Höflichkeitsritual, das sich der Chef gegenüber Untergebenen leisten kann. Allerdings wird dabei erwartet, dass die Untergebenen instinktiv das auswählen, was im Sinne des Chefs ist.

Auch Untergebene drücken sich Chefs gegenüber mehrdeutig aus. Dabei handelt es sich um eine Angebotshaltung dem Chef gegenüber, die ihm die Entscheidungsmacht lässt, um ihn nicht zu bevormunden. Gracian sagt: «Winke zu verstehen wissen. Einst war es die Kunst aller Künste, reden zu können; jetzt reicht das nicht aus, erraten muss man können, wo es auf die Zerstörung unserer Täuschung abgesehen ist... Gerade die Wahrheiten, an welchen uns am meisten gelegen, werden stets nur halb ausgesprochen, allein der Aufmerksame fasse sie in vollem Verstande auf...»

Machtinhaber haben die Wahl zwischen Direktheit oder Indirektheit in der Kommunikation und im Verhalten.

Die gefährlichen Konsequenzen einer indirekten Kommunikation beschreibt die Linguistin Deborah Tannen. Sie berichtet von einem Flugzeugabsturz, der auf die indirekte Kommunikation zwischen dem Piloten und dem Kopiloten zurückgeht. Hier war es der untergeordnete Kopilot, der die Gefahr erkannt hatte. Er schlug nicht direkt vor, den Start abzubrechen, sondern machte wiederholt Hinweise, dass etwas nicht in Ordnung sei. Der weniger erfahrene, aber ranghöhere Pilot nahm diese Hinweise wahr, aber er ging nicht darauf ein, auch nicht durch Rückfragen, und steuerte die Maschine in den Absturz.

Gleichwohl wurde überraschenderweise bei der Leistungsbeurteilung von Crews festgestellt, dass Crews, die stark indirekt kommunizierten, erfolgreicher waren. Daraus lässt sich schließen, dass ihre Beziehungen untereinander gut funktionierten. Die Konsequenz daraus ist, dass es für die Verbesserung der Kommunikation nicht nötig ist, den Untergebenen eine direktere Ausdrucksweise beizubringen.

Vielmehr müssen die Höhergestellten sich sensibilisieren, um auf indirekte Andeutungen richtig zu reagieren. Hierarchische Arroganz und Statusbewusstheit dürfen nicht zu verbalen Machtspielen entgleisen, bei denen der Machtinhaber ohnehin den Joker hat.

Wie Indirektheit zu deuten ist und welche Reaktionen darauf erwartet werden, hängt stark von der Situation ab, in der sie eingesetzt wird. In Hierarchien sind Indirektheiten von oben nach unten verbindlich, umgekehrt nicht. In dieser Richtung werden indirekte Äußerungen ignoriert.

Indirekte Kritikäußerungen bieten den Vorteil, dass sie leichter zu integrieren sind, da sie weniger Widerstand aufbauen als harte Kritik. Sie bergen aber auch die Gefahr, dass Unwissende diese Art von Kritik nicht ernst nehmen.

Indirektheit kann sowohl eine Form von Höflichkeit sein als auch der Ausdruck von Feigheit. In Hierarchien ist Indirektheit eine Gepflogenheit, deren Umgang erlernt werden muss. Frauen setzen Indirektheit ein, um Höflichkeit und Zurückhaltung auszudrücken.

Wird der Bote ermordet?

Christel Pfeiffer und Peter H. Ditko haben in ihrem Buch «Frauen, die Karriere machen» eine treffende Geschichte erzählt. Sie ist ein Beispiel für den kommunikativen Umgang mit Direktheit beziehungsweise Indirektheit: «Es war einmal ein König, der träumte, er werde schon bald alle seine Zähne verlieren. Voll Sorge befahl er den Traumdeuter herbei. ‹O mein König›, sagte dieser, ‹ich muss dir eine sehr traurige Mitteilung machen. Alle deine Angehörigen werden sterben, einer nach dem anderen.› Da ward der König zornig und ließ den Mann in den Kerker werfen. Schließlich holte er einen anderen Traumdeuter herbei. Der hörte sich den Traum an und sagte dann lächelnd: ‹Ich bin glücklich, großer König, dir eine freudige Mitteilung zu machen. Du wirst älter werden als alle deine Angehörigen, du wirst sie alle überleben.› Da war der König hoch erfreut und belohnte ihn reichlich.»

Was können wir daraus lernen? Bevor Sie sich an das Überbringen von Wahrheiten machen, sollten Sie sich erkundigen, welches angenehme und was unangenehme Nachrichten für Ihren Chef sind.

Die Überbringer schlechter Nachrichten ließen die Herrscher der Antike umbringen. Unangenehme Wahrheiten offen und damit direkt, also ungeschönt ausgesprochen, können die Gunst kosten und damit das Aus in der Karriere, also den beruflichen Tod bedeuten. Aus diesem Grunde werden Wahrheiten in Hierarchien so angepasst, dass sie für den Empfänger verträglich und den Überbringer noch nützlich sind. Zwischen Wahrheit und Macht gibt es einen engen Zusammenhang. Wahrheit kann sich nur dort zeigen, wo sie nicht durch Macht unterdrückt oder verfärbt wird.

Die Strategie dabei folgt dem Motto: «Der Zweck heiligt die Mittel.» Dieses Konzept bewahrt vor dem Gefühl, «Lügen» zu verbreiten und unehrlich zu sein. Überhaupt ist das Wort «Lügen» in Hierarchien selten gebräuchlich. Mann spricht lieber von Diplomatie. Das bedeutet, dass Wahrheiten situationsverträglich verändert werden, um selbst nicht uneinfühlsam zu erscheinen.

Ehrlichkeit ohne Einfühlungsvermögen ist Brutalität. Wer möchte schon als brutal angesehen werden? Bestimmt keine Frauen, denn Brutalität ist kein weiblicher Wert. Und Männer in Hierarchien schon gar nicht. Sie sind in hierarchischen Gefügen übersensibel, nie brutal, höchstens durchsetzungsstark und zielorientiert. Aus Gründen der Höflichkeit, Diskretion oder Gefälligkeit passen sie Wahrheiten an, damit die Wahrheit vermittelbar bleibt und sie sich mit dem Gesagten nicht selbst schädigen.

Wie Inhalte hierarchieverträglich gemacht werden, um direkte Konfrontationen zu vermeiden, kann man am Umgang mit der Wahrheit ablesen. Ein literarisch verbürgtes Beispiel dazu ist das Märchen «Des Kaisers neue Kleider». Es beschreibt, wie schwierig es ist, als Machtinhaber die Realität zu erfassen, da die Umgebenden das mitzuteilen versuchen, was sie glauben, dass die Ranghöheren es hören möchten.

Dietrich Schwanitz spricht vom dynamischen Wahrheitsbegriff und meint damit den männlichen Umgang mit der Wahrheit. Für Männer ist bereits wahr, was zwar noch nicht eingetreten, aber vorstellbar ist oder in unmittelbarer Reichweite liegt.

Frauen sind immer wieder verblüfft, wie Männer sich darstellen und welche Eigenschaften sie sich geben, weil sie meinen, dass diese erwartet werden.

Zum Beispiel in Vorstellungsgesprächen. Während Frauen gewissenhaft prüfen, in welcher Qualität sie geforderte Eigenschaften präsentieren wollen, ist für das männliche Pendant klar, dass das, was gefordert wird, bei ihnen vorhanden ist, und zwar bestens! Das ist nicht gelogen, denn das männliche Konzept dieser Präsentationsart beruht auf der Vorstellung: Wenn es verlangt wird, werde ich es mir aneignen. Männer können sich so gut in die Vorwegnahme des Erfolgs einstimmen, dass sie diesen dann auch verwirklichen.

Für Frauen ist es schwer, zwischen Hochstapelei und einer «sich selbst in Gang lügenden Erfolgsdynamik» (Schwanitz) zu unterscheiden. Ihre kritische Haltung wird oft als «Vermiesen» angeprangert. Schwanitz sieht das unterschiedliche Verhalten der Geschlechter zur Wahrheit in einem unterschiedlichen Verhältnis zur Zeit. Der Zeitablauf wird von Frauen als Folge wahrgenommen. Anders der Mann: «Die Zukunft ist der Aufenthaltsort der Wirklichkeiten, die gegenwärtig noch verhindert werden. Die Vergangenheit dagegen ist ein Reservoir von Erzählungen, die im Dienste einer höheren Wahrheit die Geschehnisse berichten, wie sie hätten sein sollen. Wird ein Mann ganz und gar vom dynamischen Wahrheitsbegriff beherrscht, entsteht eine neue Figur.» (Schwanitz, Seite 94) Dieses selbst erschaffene Konstrukt ist das fremde Wesen, dem Frauen in der Selbstdarstellung und in Erzählungen der Berufskollegen begegnen.

Indirektheit bei Zusagen

Wenn Männer verhandeln, gilt es ebenfalls, das Prinzip der Indirektheit als Unverbindlichkeit zu bedenken. Die Aussage «Ich könnte mir gut vorstellen, dass Sie einmal meinen Platz einnehmen» ist eine unverbindliche Vision, die so nicht als Versprechen, sondern eher als Versprecher zu deuten ist.

Das gilt auch für alle anderen mündlichen Zusagen. In der Regel erwarten Machtinhaber, dass sich die Mitarbeitenden an mündliche Vereinbarungen halten (Loyalität), aber sie selbst fühlen sich ohne schriftliche und damit eindeutige Festlegungen nicht zwingend gebunden.

Das gilt auch für Männer allgemein. Mündliche Zusagen sind bestenfalls als Absichtserklärungen zu verstehen. Zwischenzeitlich kann sich vieles ändern. Ernst wird es erst, wenn durch schriftliche Vereinbarungen eindeutige Aussagen hinterlassen werden. Diese könnten dann eingeklagt werden. Alles andere sind «Schachzüge» und gehören zum Spiel.

So wird indirekt kommuniziert

Weitere Instrumente für indirekte Verhaltensweisen in der Kommunikation sind der Umgang mit Fragen und das Einsetzen des Schweigens, auch in Form von Gesprächspausen.

Fragen

Nichts ist im Business so, wie es aussieht – so hat es den Anschein. Wer glaubt, Fragen dienten der Informationsbeschaffung, liegt falsch. Auch hier treffen zwei Kulturen aufeinander. Zum einen betrifft es den persönlichen Umgang der Männer mit Fragen, zum anderen ist es der Umgang von Machtinhabern damit.

«Warum führte Moses sein Volk vierzig Jahre durch die Wüste?» Die Antwort lautet: «Weil er nicht in der Lage war, jemanden nach dem Weg zu fragen.»

Dieser Witz ist nahe an der Männerrealität angesiedelt. Ihre

Abneigung, jemanden nach etwas zu fragen, ist auch im Privatbereich nicht zu übersehen. Autonomie ist ein wichtiger männlicher Wert. Männer lieben es im Allgemeinen nicht, sich von den Informationen anderer abhängig zu machen. Eine Informationsfrage zu stellen bedeutet aber auch die Offenbarung gegenüber anderen, etwas nicht zu wissen. Der Fragende gibt durch seine Frage zu erkennen, dass er die Antwort nicht kennt. Unwissenheit zuzugeben ist eine Position der Schwäche und nicht der Dominanz. Konkurrenten wird damit ein Defizit bekannt. Informationsfragen sind somit für Männer ein Zeichen für Kompetenzmangel.

Für Frauen hingegen sind sie ein Indiz, dass sie über die Kompetenz der Informationsbeschaffung verfügen.

Immer wieder wird von Führungskräften berichtet, dass Männer sich bei der Arbeit mit dem Geständnis schwertun, dass ihnen Informationen fehlen. Frauen gehen mit ihrem Informationsdefizit direkter um. Wenn sie etwas wissen wollen, fragen sie nach. Sie denken nicht unablässig daran, wie sie dabei ihr Image schädigen. Schließlich befinden sie sich im Gegensatz zu Männern nicht im permanenten Konkurrenzzustand. In Zusammenarbeit mit Männern kann diese Art des Fragens tatsächlich Männer dazu verführen, Frauen als naiv und unstrategisch zu bewerten. Eine alte Managerweisheit könnte sie davon abhalten. Sie lautet: «Wer Fragen stellt, ist dumm für den Moment, wer es unterlässt, bleibt dumm für den Rest des Lebens.»

Strategische Informationsbeschaffung
Wie erfahren nun die klugen Männer im Business das, was sie wissen müssen, ohne zu fragen und ohne sich damit in Frage zu stellen?

Erstens hören sie überall gut zu. Sie hören mehr zu, als dass sie selber reden. Nehmen ist seliger als geben, weil man sich dabei nichts vergibt – es sei denn, es handelt sich um einen Akt der Selbstinszenierung oder der Selbstdarstellung, zum Beispiel in

Männernetzwerken, in denen viel Informationsaustausch stattfindet.

Männer lassen fragen. Im Machtgefüge gibt es genügend Mitarbeitende, die man vorschicken kann, oder Leute, die Bericht erstatten. Und nicht zuletzt gibt es Sekretärinnen oder Partnerinnen, die den Auftrag erhalten, sich kundig zu machen. Heutzutage besteht zudem die Möglichkeit, das Internet zu befragen. Voraussetzung dafür ist, dass man nicht direkt und unmittelbar mit den betreffenden Personen konfrontiert wird, sondern sich vorbereiten kann.

In Frage stellen und abfragen
Indirektheit kann sehr gut aufrecht erhalten werden, indem konkrete Aussagen vermieden und diese stattdessen in die Frageform gekleidet werden. Das wirkt unverbindlich und distanziert. Dennoch wissen Insider, was es bedeutet, wenn der Chef eine Frage stellt. Da er offiziell keinen Informationsbedarf hat (und wenn, ihn dann nicht in einer Frage darstellt), zeigt er mit seiner Frage etwas an. Meist bedeutet seine Frage, dass er mit einer Aussage nicht einverstanden ist und sie damit *in Frage stellt*. Es kann darüber hinaus auch bedeuten, dass er zu weiteren Gedanken anregen will und damit weiter führen will, denn «wer fragt, führt».

Tatsächlich sind Fragen auch Führungsinstrumente. Machtinhaber befehlen nicht; es reicht, wenn sie sich andeuten. Das geht am unverbindlichsten in der Frageform.

Die Frage: «Gibt es da noch weitere Aspekte?» kann bedeuten, dass erwartet wird, noch andere Aspekte zu bearbeiten, oder beinhaltet Kritik im Sinne: Hier fehlt doch noch etwas. Sie kann auch der Absicherung dienen. Dann wird als Antwort eine klare Bestätigung erwartet, zum Beispiel: «Alle wichtigen Aspekte habe ich überprüft, weitere Aspekte sind nicht relevant.»

Beispiel:
Frau Weiß erstellt technische Gutachten, die sie ihrem Chef, Herrn Zoll, vorlegen muss, der die Rechtsverbindlichkeit prüft. Dabei stellt er immer wieder Fragen, zum Beispiel: «Haben Sie Punkt A überprüft oder Aspekt E berücksichtigt?»

Sie ärgert sich über ihn, weil sie sich und ihre Arbeit «in Frage gestellt» fühlt. Sie glaubt, seine Fragen seien Aufforderungen, weitere Überprüfungen zu veranlassen. Das ist nicht der Fall. Herr Zoll, als letzte Instanz, will sich durch eine Bestätigung absichern und hören: «Ja, das ist alles berücksichtigt.»

Ausfragen
In Machtpositionen besteht die Möglichkeit, andere, die nicht mit Macht ausgestattet sind, ab- und auszufragen, ohne dass diese ermächtigt wären, Gegenfragen zu stellen. Das findet unter anderem bei Ärzten, bei der Polizei, in der Schule oder bei Gericht statt.

Der Psychiater Aron R. Bodenheimer veröffentlichte ein Buch mit dem Titel: «Warum? Von der Obszönität des Fragens». Fragen, die in diesem Sinne benutzt werden, sind ein Machtmittel. Wenn sich die so Ausgefragten nicht schützen und bedeckt halten können, sind sie seelisch ausgezogen und fühlen sich auch so. Und das ist wirklich obszön. Sie erfahren das Machtgefälle, indem sie merken, dass sie hier geben müssen, ohne einen Ausgleich verlangen zu können.

Fragwürdige Frauen
Frauen gehen mit Fragen anders um, sie benutzen sie nämlich als Informationsbeschaffung, für Rückfragen, um Kontakt herzustellen und Integration und Nähe entstehen zu lassen oder als Bestätigung. Im Berufsleben bewerten Männer aus der Perspektive ihres Sprachstils, der imponieren soll, die weibliche Fragekultur schlicht als unterwürfig oder werten sie als Unsicherheit. Beides ist kompetenzabwertend.

Frauen erleben aus ihrer Sicht den Fragestil und das Gesprächsverhalten der Männer als Aggressivität, mit der sie in eine verwundbare Nähe einbrechen. Das wird als persönlicher Angriff gewertet. Die erwartete Nähe seitens der Frauen ist zerstört und die Männer fürchten um die mühsam hergestellte Distanz. Nun gilt es zu retten, was verloren ist. Der Eklat endet im Persönlichen. Beide Parteien sind überzeugt, dass mit «solchen» Personen eine Zusammenarbeit unmöglich ist.

Ja sagen und Nein meinen ist ebenfalls eine Variante des indirekten Prinzips. Gegenüber den Kollegen hat ein direktes Nein Konfrontationscharakter. Es gilt also, Verhaltensweisen zu finden, die dieses Nein indirekt ausdrücken. Dazu gehören: das Vergessen, Verzögern, Verumständlichen, Nichtverstehenwollen, Dummstellen, Sich-nicht-einsichtig-Zeigen und Ähnliches – kurz, es wird deutlich, dass man nicht will. Hier beginnt ein Winden und Drehen, nur um das nicht zu zeigen, was man wirklich will, und dabei entdeckt zu werden.

Dem Chef gegenüber wäre dieses Verhalten ein Loyalitätsbruch. Es ist nicht möglich, sich ihm mit einem direkten oder indirekten Nein zu verweigern. Das käme einer Kampfansage gleich. Den Wünschen des Chefs kann sich niemand entziehen, denn sein Wunsch ist ein Befehl und damit verbindlich.

Frauen und Männer geben dem Umgang mit Fragen unterschiedliche Bedeutung. Wenn die Gesprächspartner gleichberechtigt sind, gibt es bei den meisten Fragen einen Austausch zwischen den Sprechenden. Allerdings sind Fragen an sich schon geeignet, Herrschaftsverhältnisse zu schaffen. Der Fragende befindet sich in der Überlegenheit, der zur Antwort Verpflichtete in der Unterlegenheit.

Noch deutlicher ist es, wenn Machtverhältnisse ein «Oben» und ein «Unten» schaffen. Dann drückt der Umgang mit Fragen ein Herrschaftsverhältnis aus. Rangniedrige müssen Fragen beantworten, während Ranghöhere ihre Arroganz gut darin ausdrücken können, Fragen unbeantwortet zu lassen, sie also zu ignorieren. Damit gerät der Fragende zum Bittsteller, dem in Abhängigkeit Informationen vorenthalten werden können.

Das betrifft vor allem Informations- und Interessefragen.

Fragen eignen sich hervorragend dazu, Menschen zu nötigen, indem sie durch mehrere Fragen in die Enge getrieben werden oder in Rechtfertigung geraten. Da Fragen keine Aussagen sind und im Uneindeutigen bleiben, müssen sich die Befragten immer wieder klarmachen, worin die versteckte Bedeutung dieser Frage liegt.

Fragen aus Interesse, rhetorische Fragen oder Aussagen, die in Fragen gekleidet sind, sollen Impulse sein und damit die Angesprochenen indirekt lenken, in eine bestimmte Richtung zu denken, oder ein erwartetes Verhalten zeigen.

Fragen sind für Machtinhaber ein hervorragendes Instrument, sich selbst bedeckt zu halten und andere zu lenken oder ihnen ihre Abhängigkeit vorzuführen.

Das Schweigen der Männer

Das Schweigen der Männer ist eine wortlose, aber nicht bedeutungslose Form der Kommunikation. Auch hier gilt es zu unterscheiden zwischen der privaten Situation und der hierarchischen Kultur.

Zu Hause muss man schweigenden Männern nicht immer Bedeutung beimessen. Aber laut Schwanitz führen Männer ihren inneren Dialog. Aus Schutzbedürftigkeit wollen sie sich nicht äußern, denn sie sind unsicher. Im Konfliktfall ist Schweigen auch im Privatbereich ein Machtmittel. Es dient der Verunsicherung oder Bestrafung in Form von Rückzug oder Kontaktabbruch.

Beispiel:
In einem Seminar wurde ein Teilnehmer von einer Kollegin hart angegangen, geradezu provoziert. Er fiel in Schweigen, und die

Situation erforderte eine Reaktion, um nicht außer Kontrolle zu geraten. Auf die Frage, wie er sich in dieser Situation denn fühle, aus welchen Gründen er nicht reagiere, teilte der Angegriffene mit, dass er eine längere Bedenkzeit brauche, bis er sich über seine Gefühle klar sei, oft zwanzig Minuten. Erst dann könne er reagieren und reden.

Das Schweigen dieses Mannes ist typisch. Schließlich sollte er über seine Gefühle reden, über Ärger, Verletzung, Enttäuschung, Verzweiflung oder Trauer. Genau diese Gefühle darf und möchte ein Mann nicht haben und wenn, dann nicht auch noch zeigen, da sie sich mit dem erlernten Männlichkeitskonzept nicht vertragen. Das ist peinlich oder sogar gefährlich. Er hätte eine Aussage machen sollen, die einer Offenbarung gleichkäme und die ihn berechenbar gemacht hätte. Das entspricht einem Machtverlust, depotenziert und zieht schnell in die Lenden.

Männer werden von Unsicherheit befallen, wenn sie über etwas reden sollen, mit dem sie sich nicht beschäftigen konnten. Sie zeigen keine Verletzungen, wenn sie im Innersten getroffen sind. Darüber zu reden, dafür fehlen die richtigen Worte. Viele Männer bewundern Frauen, die ihre Gefühle so ungeniert darlegen und sich ausdrücken können. Aber ihre Angst verlässt sie nicht so schnell.

Vermutlich spielt bei einigen Männern noch ein anderer Konflikt eine Rolle: der Ritterlichkeitskomplex. Die Rittermänner sind sich nicht sicher, wie stark sie als Mann auf eine Frau oder Kollegin reagieren dürfen. Die Auseinandersetzung mit Frauen ist schließlich kein Bruderkampf, und gegen Frauen zu unterliegen ist mehr als ein Gesichtsverlust. Was also tun?

Wenn der Ritter sein Visier herunterlässt, sich in seiner Rüstung versteckt und sich dafür entscheidet, Rücksicht zu nehmen und nichts zu sagen, dann ist die Beziehung ein für allemal final gestaltet. Der Mann zieht sich in Formalitäten und minimale Höflichkeitsrituale zurück. Er baut eine Mauer der *political cor-*

rectness vor sich auf und macht sich dahinter unangreifbar. Er will nie mehr verletzt werden, zumal er sich nicht wehren darf/kann.

Dieses Verhalten hat mit alten Verletzungen zu tun. In der Pubertät musste er sich desensibilisieren und auf «männlich» machen. Das bedeutet nun nicht, dass er so stark ist, wie er sich gibt. Nein, er ist verletzlich, aber das zuzugeben wäre unmännlich.

Hier ist die Gefahr für Frauen groß, weil sie sich über dieses Verbergen der Verletzlichkeiten der Illusion hingeben, Männer seien belastbar und wenig sensibel.

Das Schweigen in Hierarchien

Der englische Schauspieler Peter Ustinov hat einmal ebenso witzig wie treffend formuliert: «Der Erfolg besteht manchmal in der Kunst, das für sich zu behalten, was man nicht weiß.»

Wenn Männer mit Macht ausgestattet sind, dann kommt Schweigen als Machtmittel strategisch zum Einsatz. Als ungesprochenes Kommunikationsmittel ist es vieldeutig und hat mehrere Funktionen, je nach Situationsbezug.

- Nichts zu sagen verunsichert: Niemand weiß genau, was die Leere bedeutet. Sie kann wohlwollend sein oder Kontaktentzug und damit Distanzierung bedeuten. Die Betroffenen sind irritiert und damit beschäftigt, sich zu orientieren und die Situation für sich zu klären. Hier wird absichtlich Stress erschaffen, der die Betroffenen schwächt.
- Machtinhaber halten sich bedeckt. Sie wollen die Gesprächspartner aushören, aber selbst nichts geben. Schweigen bedeckt auch Schwächen. In Machtsituationen wird das meist nicht sichtbar. Hier wird deutlich ein Machtgefälle gestaltet, indem andere in Abhängigkeit gehalten werden.
- Schweiger umgeben sich mit der Aura der Macht. Sie demonstrieren Distanz und machen sich damit interessant.
- Machtinhaber können sich diese Wortkargheit leisten. Es ist die arrogante Art der Machtinszenierung. Das funktioniert

vor allem, wenn die Gesprächspartner wissen, dass diese Machtträger auch gesprächsfähig sind – wenn sie nur wollen.
- Schweigen als Bestrafung und Kontaktabbruch zum Schein in Verhandlungen. Dann ist Schweigen Teil eines Imponiergehabes in einem Machtspiel. Auf alle Fälle dient das Schweigen der Einschüchterung. Schweigen ist stumme Gewalt!

Auf Frauen wirkt Schweigen sehr verunsichernd, vor allem wenn sie es nicht als strategisches Verhalten erkennen. Es bringt sie aus dem Konzept, wenn längere Pausen im Gespräch als Strategie zum Einsatz kommen. Ihre Reaktion darauf ist, dass sie mit eigenen Aktivitäten oder Sprecheinsätzen diese Lücken füllen wollen und sich dabei verausgaben, statt diese Pausen kreativ als Reflexionsphase zu nutzen und zuzusehen, wie sich der schweigende Gesprächspartner verhält.

Das Schweigen der Frauen
Wenn Frauen im Privatbereich schweigen, dann nicht, weil sie ihren inneren Dialog führen, sondern weil sie mit Beziehungsabbruch drohen oder mit einem Problem so belastet sind, dass sie in einer Blockade verharren. Bedauerlich dabei ist, dass Männer sehr lange brauchen, bis sie die Situation als konfliktbeladen erkennen und aus ihrem Wohlfühlverhalten erwachen.

Aus der Sicht der Männer ist Schweigen keine Unterbrechung des Dialogs, sondern eine Fortsetzung, die im Inneren – quasi mit sich selbst – stattfindet. Dadurch fühlen sie sich nicht unwohl, wenn es um sie herum lautlos wird.

In Hierarchien wirkt das Schweigen der Frauen im Gegensatz zum Schweigen der Männer nicht machtvoll. Es ist daher nicht als Machtmittel einsetzbar, solange Frauen noch keine Machtposition besetzen. Schweigende Frauen wirken auch im Beruf nicht so bedrohlich wie Männer. Gerne wird schweigenden Frauen von Männern und auch von Frauen unterstellt, nichts zu sagen zu haben: «Der fällt jetzt nichts mehr ein.»

Damit wird das weibliche Schweigen als Unfähigkeit interpretiert. Zum anderen wird das Stillwerden als Beleidigtsein gedeutet, und damit findet ebenfalls eine Abwertung statt.

Das Schweigen der Frauen wird viel stärker als Unfähigkeit interpretiert und kommt einer Kompetenzabwertung gleich. Männer dagegen erschweigen sich Respekt und Ansehen und werten sich damit auf.

Zusammenfassung

Indirektheit ist ein wichtiges Verhalten im hierarchischen System. Sie ist zum einen eine Höflichkeitsform und wirkt unverbindlich, zum anderen ist sie im Zusammenhang mit Machtausstattung absolut verbindlich, obwohl das nicht deutlich erkennbar ist. In Hierarchien ist bedecktes Verhalten angesagt. Auch das gewährleistet Indirektheit. Da indirektes Verhalten nicht eindeutig zu durchschauen ist, erhöht es die Flexibilität und gewährleistet Rückzugsmöglichkeiten.

Frauen verhalten sich in ganz anderen Situationen indirekt als Männer. Sie setzen indirektes Verhalten als Höflichkeitsform ein. Indirektheit als Strategie ist ihnen fremd und auch als Verhaltensform gegenüber Männern in hierarchischen Positionen unbekannt. Hier beginnt für sie das unbekannte Terrain, das sie sehr leicht scheitern lässt.

Fragen eignen sich hervorragend, um sich einzubringen und Signale zu setzen, ohne sich dabei festzulegen. Selten dienen sie der Informationsbeschaffung, öfter dem Lenken und Kritisieren.

Schweigen ist immer mehrdeutig. Schweigen gibt Macht oder macht ohnmächtig. Schweigen verunsichert. Es schafft Distanz und verbindet oder erhält die Intimität. Es erhält die Flexibilität und entfaltet seine Wirkung durch das Nichts. Damit erschafft Schweigen Zustände, für die nichts und niemand verantwortlich ist!

Tipp:
Machen Sie ein Spiel mit sich selbst und probieren Sie aus, welche Erfahrungen Sie machen, wenn Sie sich indirekt verhalten.
- Gewöhnen Sie sich an, Feststellungen in Fragen zu formulieren; zum Beispiel statt des Vorwurfs «Sie kommen immer zu spät!» die leisere Tonart: «Kann es sein, dass Sie in letzter Zeit etwas locker mit Ihrer Zeit umgehen?»
- Fragen Sie nach, was Ihr Vorgesetzter genau meint oder wie er es meint, wenn er Fragen stellt oder Aussagen trifft, die Sie nicht genau deuten können.
- Auch wenn Sie glauben, etwas richtig verstanden zu haben, vergewissern Sie sich, ob es Ihr Vorgesetzter auch so sieht, indem Sie zusammenfassen, was Sie verstanden haben.

6

So verhalten Sie sich in Hierarchien

Wenn Männer im hierarchischen System agieren, wollen sie Ziele erreichen und Positionen beziehen. Männer untereinander wissen, dass sie alle miteinander konkurrieren. Zwar wollen nicht alle die oberste Position erreichen, aber zumindest geht es ihnen darum, ihre erreichte Position abzusichern und den einen oder anderen Achtungserfolg zu verbuchen.

Hierarchische Systeme galten als asexuell, solange sich dort keine Frauen aufhielten. Das bot Männern den Vorteil, ihre Testosteronenergie in die Arbeit fließen zu lassen. Wenn es ihnen nicht das Hirn schwächt, ist Testosteron ein Kraftstoff, der sie zu Höchstleistungen antreibt. Schießt es durch die Anwesenheit von Frauen infolge von Begehrlichkeiten in den falschen Kanal, können Männer nicht mehr klar denken. Das verschlechtert ihre Leistung und vernebelt ihre Entscheidungsklarheit.

Auf einem Parkett, auf dem Gefühle bisher kein direktes Thema waren, sondern Sachthemen und Überprüf- und Nachweisbares erste Priorität haben, fühlten sich die Männer sicher. Die ehernen Regeln des Systems gestalten eine Atmosphäre, in der wenig Unvorhergesehenes vorkommt. Alles ist strukturiert und reguliert. Das garantiert Überschaubarkeit und Sicherheit.

Da Männer das System und die Regeln kennen, fürchten sie die Konsequenzen bei Regelverstoß. Dieses Wissen lässt sie über eine Sensibilität verfügen, von der Frauen nur träumen können.

Männerverhalten in hierarchischen Systemen ist höchste Einfühlungsqualität! In Hierarchien werden die Worte auf die Goldwaage gelegt und gedeutet, denn man weiß um die Vieldeutigkeit.

So verhalten Sie sich im Kollegenkreis

Beispiel:
Felicitas A. arbeitet bei einer Bank. Sie ist gut ausgebildet, hat Erfahrung und bringt sich immer wieder mit guten Ideen ein. Ihre sympathische Persönlichkeit und Kooperationsbereitschaft macht sie zu einer akzeptierten Kollegin.

Um sie unter Kontrolle zu halten, werden ihre guten Vorschläge überhört und meist etwas später von einem männlichen Kollegen aufgegriffen. Dann finden sie plötzlich Gehör. Felicitas A. hat beschlossen, in Zukunft immer dann – auch im Nachhinein – auf sich aufmerksam zu machen, wenn ein wieder eingebrachter Vorschlag von ihr stammt.

Auch wenn Männer ein gutes Team bilden, halten sie sich mit ihren Ideen untereinander zurück – so lange, bis sie den richtigen Zeitpunkt für sich sehen, um sich damit vor dem richtigen Publikum inszenieren zu können. So sind sie gut vorbereitet, weil sie lange überlegt haben, aber die Idee wird natürlich als aus der Situation entstanden verkauft.

Der von Konkurrenz geprägte Umgang mit Kollegen erfordert die ständige Aufmerksamkeit. Die Angst, dass dem konkurrierenden Kollegen ein Überholmanöver gelingt, veranlasst zu äußerster Zurückhaltung. Dieses Aufmerksamkeitstraining schult die Wahrnehmung. Wer sich nicht zeigt, hält sich bedeckt und kann verdeckt handeln. Man kann schließlich nie wissen …

Kollegen haben miteinander persönlich ein distanziertes Verhältnis. Sie halten Kontakt über Sachthemen oder Nebensächlichkeiten, selten tauschen sie sich privat aus. Probleme haben sie in aller Regel nicht, denn man weist nicht selbst auf seine Achillesferse hin.

Dieses distanziert-bedeckte Verhalten erfordert viel Einfühlungsvermögen. Daher können Frauen davon ausgehen, dass Männer sich in hierarchischen Situationen so sensibel verhalten, wie Frauen das von ihnen in der Beziehung erwarten. Da sie mit den Ritualen und Regeln bekannt sind, funktioniert ihr Navigationssystem, und es genügen sanfte Anzeichen, um die richtigen Reaktionen auszulösen oder die falschen zu verhindern. Das bedeutet, dass Hierarchien *leise Systeme* sind, in denen Andeutungen und Vieldeutiges die angesagte Kulturform des Umgangs miteinander ist.

Dieses Labyrinth der indirekten Mehrdeutigkeiten erfolgreich zu durchdringen gelingt nur mit dem roten Faden einer Strategie, die wiederum Systemkenntnisse voraussetzt. Strategisches Verhalten ist direkt auf ein Ziel ausgerichtet, aber die Verhaltensweisen, die Taktiken sind nicht offen. Man hält sich bedeckt und gelangt, wenn erforderlich, auch auf Umwegen ans Ziel. Genau dieses Verhalten verunmöglicht es, Verwirrendes, Undurchschaubares, Unverständliches direkt anzusprechen, um es offenzulegen.

Dieses bedeckte Verhalten erlaubt auch Tests, kleine Machtspiele, um die Berechenbarkeit oder um das eigene Revier zu vermessen. Wer steht zu mir? Wer teilt meine Ansichten? Auf wen kann ich zählen? Hier sind Seilschaften wichtig, Leute, Mitstreiter oder Mitstreiterinnen, die (gemeinsam) mit an einem Strang ziehen. Als Tests dienen meist kleine Übergriffe, um die Reaktionen des Mit- oder Gegenspielers auszuloten. Wichtig ist, dass beim Ertapptwerden eine gute Erklärung parat gehalten wird.

Bei Revierverletzungen ist dies zum Beispiel die Aussage: «Ich dachte, das sei in Ihrem Sinne.»

Kollegiales Verhalten in Abwesenheit des Chefs
Wenn der Chef nicht dabei ist, verhalten sich Männer «kollegial», indem sie misstrauisch und vorsichtig sind, höchste Aufmerksamkeit aufbringen und möglichst wenig von sich zeigen. Im Berufsleben offen kritisch seine Meinung zum Beispiel über das Verhalten des Chefs zu zeigen kann die eigene Karriere kosten. Erstens weiß man nicht, wer Zuträger des Chefs ist und was zugetragen wird, um selbst die Gunst zu erringen.

Auch ist es durchaus üblich, dass Chefs über Kollegen Teams auspähen lassen. Also geht es darum, eigene Ziele im Auge zu behalten, den Chef zu unterstützen und sich die Aufmerksamkeit und das Wohlwollen dieses Machtinhabers zu sichern. Gegenüber Kollegen, die den Chef in Abwesenheit bemäkeln, ist der Totstellreflex angesagt: nichts merken, nichts hören, nichts dazu sagen und für sich selber sorgen. Es kann sein, dass diese Kollegen sich selbst in Positionen bringen wollen und dies dann auf Kosten anderer geschieht.

Stellen Sie sich eine Fußballmannschaft vor. Der Trainer ist der Chef, und er bestimmt, was gemacht wird. Was würde passieren, wenn ein Spieler in Abwesenheit des Trainers seinen Stil kritisiert und seine Arbeit in Frage stellt? Selbst wenn das eine oder andere Detail nicht stimmt, muss der Teamgeist gewahrt werden, indem eine loyale Haltung von allen eingenommen wird. Kritik und Zweifel sind giftige Energien für das Team und beeinflussen die Leistung negativ.

Und was würden Sie als Trainer machen, der einen Spieler entdeckt, der gegen ihn arbeitet? Vermutlich sehr schnell ausschließen (wenn Sie es sich leisten können – einen Ronaldinho schließt man nicht aus; eher muss der Trainer gehen!). Ansonsten gilt: Ganz egal, wie gut seine Leistung ist, er bringt das Team durcheinander, und das ist der größere Schaden. Auf der Wartebank sitzen meist genug Aspiranten und keine Stars.

Um im Bild zu bleiben, ein Beispiel aus der Fußballwelt:

Beispiel:
Beeindruckend war das Verhalten Oliver Kahns, als sein Trainer Klinsmann Kahns Konkurrenten Lehmann als Torhüter einsetzte und damit Kahn zurücksetzte und enttäuschte. Das war eine persönliche Kränkung, auf die er mit Schmollen und Widerstand hätte reagieren können. Aber er zeigte Solidarität mit dem Team, indem er in der Lage war, Persönliches zurückzustellen. Er wandelte sich in dieser Situation vom Solisten zum Inspirator des Teams und trug so auch wesentlich zum Erfolg des deutschen Teams an der WM 2006 bei.

Kollegiales Verhalten in Anwesenheit des Chefs
Um auf der Karriereleiter weiterzuklettern, wird die oben beschriebene Zurückhaltung in Anwesenheit eines Vorgesetzten aufgegeben. Ist der Boss da, wird um seine Aufmerksamkeit offen gebuhlt. Jetzt gilt es, das Ego aufzublasen, um die Konkurrenz auszustechen. Frauen deuten dieses zielorientierte Konkurrieren als rücksichtsloses Verhalten, denn dabei kann es auch sein, dass die Leistungen der Kolleginnen und Kollegen plötzlich für die Selbstdarstellung vereinnahmt werden.

Männer untereinander nehmen diese Wertung nicht vor. Entweder spielen sie mit denselben Karten, oder sie steigen eine Runde aus und schlagen als Revanche später zurück, wie beim Spiel eben. Wenn sie spielen, wollen sie gewinnen. Dabei wird der volle Einsatz ausschließlich für sich selbst erbracht. Denn allen ist bewusst, dass nur einer gewinnen kann.

Nebenbei bemerkt, fordern auch Frauen gelegentlich Aufmerksamkeit, setzen dabei allerdings andere Reize. Sie gehen indirekt vor, indem sie auf der Beziehungsebene um Akzeptanz konkurrieren oder Aufmerksamkeit mit einem besonderen, meist feminine Reize betonenden Outfit zu erzielen versuchen. Gern setzen sie dabei Kleinmädchenstrategien ein («Bitte hab mich lieb», «Ich bin doch so nett zu dir»). Diese Strategien im Business einzusetzen ist zum einen lächerlich und wird seitens der Männer nicht als Fairplay angesehen und damit abgewertet. Sex im Büro macht niemanden froh. Das führt auch zu einer Solidarisierung unter den Männern, um diese Konkurrentin, die mit «gezinkten Karten» mitspielen will, auszuschließen.

Ebenfalls vorstellbar sind im Beisein des Alphatieres angepasste Verhaltensweisen, die Demut-Charakter haben. «Vater» soll die braven Jungs sehen, die Folgschaft leisten und damit Loyalität signalisieren. Wenn der Chef eine Idee hat, wird ihm dabei nicht offen widersprochen, auch wenn sie niemand wirklich gut findet.

Das Verhalten gegenüber dem Chef, wenn keine Kollegen dabei sind

Wenn die Mitarbeiter mit ihrem Chef allein sind, geht es ebenfalls darum, sich ins beste Licht zu rücken, um sich damit von den Mitbewerbern angenehm abzusetzen. Dominanz ist nicht der Leitwert, der in dieser Situation Aufmerksamkeit wecken soll. Das könnte den Vorgesetzten bedrängen, indem es eine Konkurrenzsituation auslöst, denn dominantes Verhalten steht nur ihm zu.

Vielmehr geht es darum, von ihm akzeptiert zu werden. Wenn der Vorgesetzte von der Leistung weiß (und davon soll er erfahren) und die Persönlichkeit des Mitarbeitenden als kooperativ und loyal einschätzt, wirkt sich das positiv auf das Weiterkommen aus. Gerne gesehen werden Mitarbeiter, die engagiert als Problemlöser mit großem Kontakt- und Einflusspotenzial auftreten. In diesem Fall muss der Chef den Eindruck bekommen, dass dieser Mitarbeiter seine verlässliche Stütze ist, ihm zuarbeitet und ihm nützt, indem er alles tut, um bei der Absicherung oder Verbesserung des Chefimages mitzuwirken. Es geht also im Wesentlichen darum, die eigene Loyalität und das vorhandene Zuarbeitungspotenzial zu verkaufen.

Leistung ist in diesem Zusammenhang zwar wichtig, aber der Chef darf sich dadurch nicht bedroht fühlen und um seine

Position fürchten müssen. Ganz im Gegenteil. Dieser Mitarbeitende muss ihm im Gespräch und mit seinem Verhalten zusichern, dass er ihm selbstlos zuarbeitet und der Chef dies als seine eigene Leistung ausgeben darf (was laut dynamischem Wahrheitsbegriff auch zutrifft, denn es handelt sich um die Leistung seiner Abteilung).

Beispiel:
Herr Beirers Geschäft ging in Konkurs, als er Anfang 50 war. Das war sehr bedrohlich, denn seine Kinder befanden sich in der Ausbildung und das Haus war noch nicht abbezahlt. Zu Hilfe kam ihm der gute Kontakt zum Chef einer Institution des öffentlichen Dienstes. Er schuf für ihn eine Stelle als persönlicher Referent. Nach dem Motto «Eine Hand wäscht die andere» war Beirer von nun an sein dankbarster und loyalster Mitarbeiter. Oft erledigte er in unbezahlten Überstunden einen großen Teil der Aufgaben des Chefs mit. Als Beirer in Rente ging, wollte niemand sein Nachfolger werden, und für den Chef brachen schlechtere Zeiten an.

Das Verhalten von Frauen

Da Frauen sich an anderen Leitwerten orientieren, verhalten sie sich anders. Ihre auf Beziehungsorientierung ausgerichtete Sozialisation hat sie wenig mit Strategien konfrontiert, daher wirkt das strategische Verhalten von Kollegen auf sie irritierend und befremdlich.

Da sie diese Situationen nicht durchschauen, sind sie verunsichert. Um sich Klarheit zu verschaffen, sprechen sie an, was ihnen aufgefallen ist. Sie artikulieren, dass sie mit dem wahrgenommenen indirekten Verhalten nichts anfangen können und es zum Beispiel nicht schätzen, wenn die Gesprächspartner quasi um den heißen Brei herumreden. Genau damit landen sie in der Tabuzone des persönlichen Gesprächs und stehen voll im Fettnapf!

Sie konfrontieren direkt und persönlich und platzen eventuell in ein heikles Thema hinein. Dabei ist zu bemerken, dass Männer am Arbeitsplatz von vielen heiklen Themen umrankt sind.

Während Frauen für sich selbst Klarheit schaffen wollen, treiben sie mit der direkten Konfrontation Kollegen oder Vorgesetzte in die Verunsicherung. Es darf ja nicht ausgesprochen werden, was nicht aufgedeckt werden soll. Das weibliche Verhalten in dieser Situation ist lediglich unstrategisch, wird aber von Kollegen als naiv, dumm oder gar gefährlich und unkollegial bewertet. Die Spielregeln sind verletzt, und dadurch hält man die Betroffene für unberechenbar und unzuverlässig. Die Kollegen sind oder begeben sich auf Distanz und Rückzug. Sie gehen davon aus, dass alle Anwesenden die Spielregeln kennen. Sie zu beachten ist Voraussetzung für die Gruppenzugehörigkeit.

Ohne es zu merken, werden Frauen durch ihr Klärungsbedürfnis indiskret und machen sich damit zu Außenseiterinnen. Nun ist guter Rat teuer. Vertrauensbrüche sind nicht wiedergutzumachen oder brauchen viel Zeit. Während dieser Zeit ist die Karriere blockiert. Das heißt, die Erfolge zum Weiterkommen bleiben aus.

Das ist fatal, denn Karriereschritte sind an kontinuierliche Erfolge gebunden. Der Weg zur Spitze ist ein langer Weg, und immer noch gibt es viele Unwägbarkeiten. Hier wird Frauen nichts geschenkt. Vor allem dann, wenn Männer nicht(s) vergeben.

Bei diesem weiten Weg nach oben sind keine Boxenstopps vorgesehen. *Step by step,* und das kontinuierlich! Ohne irgendwelche Ausfälle oder Pausen. Dieses Kontinuitätskriterium erschwert Frauen den Karriereweg, da das weibliche Lebenskonzept durch Kinder- und Familienarbeit ohnehin schon «Pausen» enthält.

Beispiel:
Birgit ist Sozialpädagogin. Das Team besteht fast nur aus Frauen, auch die Chefin. Dieses Team ist schwierig zu führen, da sich die

Frauen nicht an Vorgaben halten und für sich immer wieder Ausnahmen haben wollen. Birgit ist noch mit einer therapeutischen Zusatzausbildung qualifiziert.

Kollegin Inge war längere Zeit krank und glaubt nun, sich andere Regeln geben zu können als die von der Chefin vorgegebenen. Das führt zum Konflikt, und Inge macht das Opferspiel. Die lang Erkrankte weint und droht gleichzeitig der Chefin, ihre Anweisungen an oberer Stelle hinterfragen zu lassen. Dieses Verhalten ist typisch für «Opfer»: sich schwach geben und die Stärke zum Drohen und Erpressen zu haben.

Birgit fällt nun in die Therapeutinnenrolle und will (beziehungsorientiert) vermitteln. Damit stellt sie sich auf die Seite des Pseudoopfers und fällt ihrer Chefin in den Rücken. Organisationsintelligent wäre es gewesen, die Chefin zu unterstützen, denn die Regeln waren klar. Wer sich mit Regelbrecherinnen solidarisiert, ist nicht loyal und damit unzuverlässig. In Organisationen haben Strukturen und Regeln erste Priorität. Erst dann werden Beziehungen geklärt. Sie können auch ungeklärt bleiben, wenn sich alle an die Regeln halten und Strukturen respektieren.

Beispiel:
Inge Maier ist, zusammen mit ihrem Mann, Firmeninhaberin. Während er, ein begabter Ingenieur, sich um Entwicklung und Produktion kümmert, managt Inge das Personal und ist für Marketing und Preisverhandlungen die Ansprechpartnerin. Sie ist mit ihrem weiblichen Engagement sehr erfolgreich, hat gute Ideen und bringt mit ihrer Kontaktfreudigkeit die Firma voran. Ihr Mann dagegen ist eher scheu und kann schlecht verhandeln.

Inge Maier ist nicht beliebt, denn sie setzt sich durch. Sie will ihre Ziele erreichen. Sie hat im Umgang mit Menschen, auch Geschäftspartnern, eine sehr direkte Art und wird daher gefürchtet, von manchen Geschäftspartnern mit der Zeit sogar gemieden, was der Firma nicht guttut. Da ihre Produkte dem Technikbereich entstammen, sind die Mitarbeiter überwiegend männlich. Als sie eines Tages mit dem, was ihr Mann ausgehandelt hatte, unzufrieden ist, sagt sie vor einem Mitarbeiterteam: «Ullrich, da hast du als Mann total versagt!» Diese Äußerung ist demütigend für den Chef und schockiert die Mitarbeitenden. Die Männer konzentrieren ihre Aufmerksamkeit noch stärker auf die Beifügung «als Mann total versagt» – grauenhaft, depotenzierend, schon gar vor anderen, unmöglich. Inge drückte aus, dass sie von ihm als Mann mehr Durchsetzung erwartet hätte, und bezog das Versagen auf seine Verhandlungskünste.

Indem Inge Maier ihren Mann, den Chef, kritisiert, stellt sie ihn in doppelter Weise bloß. Zum einen ist Chefkritik in der Öffentlichkeit tabu. Zum anderen bringt sie sein Fehlverhalten in Verbindung mit seiner Männlichkeit, wodurch sich bei Männern der Zusammenhang mit seinem Potenzial aufdrängt. Das ist ein Tabubruch, der peinlich berührt, weil es den Chef betrifft.

Sexualisierung in Hierarchien ist ein absolutes Tabu. Männer geben sich, vor allem Chefs, als geschlechtslose Wesen. Sie brauchen diesen Schutz, da sonst ein weiteres Wettbewerbsfeld entsteht. Und die nicht ausgesprochene Regel lautet, dass der Chef gewinnen muss. Sonst ist er nicht mehr der Chef. Inge hat ihren Mann verbal *ent-cheft*. Die Bedrohung, die dadurch von ihr ausgeht, schweißt Männer wieder solidarisch zusammen und richtet sich gegen das Fehlverhalten der Frau. Ein Verhandlungsfehler ist ein geringerer Fehler als das Übertreten eines inoffiziellen hierarchischen Werts – dem männlichen Potenzial.

Bei der Kommunikation ist entscheidend, was ankommt, nicht, was gemeint war. Inge Maier hatte nicht berücksichtigt, dass sich Männer miteinander in Konkurrenz befinden und ein solcher Ausspruch von der eigenen Frau im Beisein anderer und in einer hierarchischen Atmosphäre das Aus bedeuten kann. Zumindest ist es eine Diskriminierung im Patriarchat, das die Männer solidarisch macht. Inges Machtposition als Firmeninhaberin schützt sie.

7

Das Potenzial – eine Frage der Ehre

Wenn mehrere Männer beieinander sind, privat oder bei der Arbeit, geht es immer um ihr Potenzial, das mit Macht und Dominanz zusammenhängt. Aufgrund ihrer Anerkennungsbedürftigkeit entsteht dabei ein Wettbewerb, um Aufmerksamkeit zu erlangen. Das gegenseitige Konkurrieren unter Männern ist seit früher Kindheit antrainiert und hat eine sportliche Note. Dieses Verhalten hat sich zu einem Automatismus entwickelt. Es ist für die meisten Männer schwer zu kontrollieren, da es sich unbewusst abspielt; es gehört sich sozusagen. Durch ihre Anerkennungsbedürftigkeit entsteht oft unbewusst bei der männlichen Selbstinszenierung ein egomanes Verhalten, das durchaus als rücksichtslos bezeichnet werden kann. Sie vergessen andere und präsentieren ausschließlich sich.

Beispiel:
Steffen S. hatte eine Kooperation mit seinem Kollegen Gerry angefangen. Zusammen veranstalteten sie ein Fotoshooting, um anschließend gemeinsam die Motive auszuwählen, die Gerry bearbeiten sollte. Bei der Organisation und den Vorbereitungen war die Arbeitsteilung noch in Ordnung. Als es dann an das Auswählen der Bilder ging, wurde Gerry nicht mehr miteinbezogen, bei der Pressepräsentation vergaß Steffen, seinen Partner zu erwähnen, geschweige ihn zu präsentieren. Die Arbeit war aufgeteilt, das Ernten der Früchte gönnte sich Steffen allein.

Dieses Wettbewerbverhalten taucht in Gruppen oder auch Zweierbeziehungen auf, in denen die Ränge noch nicht abgeklärt sind und damit keine Orientierung vorhanden ist. Es findet sich, wenn es um Ziele geht, in Anwesenheit eines Machtinhabers oder auch in Anwesenheit von Frauen.

Männer sind sehr anerkennungsbedürftig. Wenn andere nicht dazu beitragen, inszenieren sie sich selbst. Wenn sich bei gesellschaftlichen Anlässen Berufs- und persönliche Bereiche vermischen, staunen die mit eingeladenen Ehefrauen oft darüber, in welchem Licht sich ihre Gatten aufgebaut haben. Die Äußerung «Zuhause ist er aber ganz anders» wäre nun fatal und machte in Sekunden zunichte, was monate- und jahrelang aufgebaut wurde.

Untersuchungen zeigen, dass Männer mit Erfolg und Misserfolg ganz anders umgehen als Frauen. Frauen fühlen sich persönlich verantwortlich, wenn ihnen etwas misslingt. Haben sie Erfolg, führen sie das auf günstige Umstände zurück. Ganz anders die Männer. Ihren Erfolg führen sie stets auf ihre Qualitäten zurück. Misserfolg hingegen schreiben sie unglücklichen Begleitumständen zu und sehen keinen Zusammenhang mit ihrer Person. Gegebenenfalls wird er wegrationalisiert.

Erfolg ist Potenzial und macht Männer zum Mann. Misserfolg depotenziert, entmännlicht. Ihr ureigenstes männliches Körperteil versagt dann auch seine Dienste. Welche Wahrheit verkündet der Erfolgszug von Viagra? Ein Tabu, über das nicht gesprochen wird.

L. H. Mankin schrieb: «Der Mann ist niemals gockelhafter, als wenn er von sich selbst spricht. Das Thema scheint seine natürliche Eitelkeit hervorzulocken. Es gibt deshalb kein Buch über die Männer, das nicht ein Dokument des Schwachsinns und ein Kompendium der Albernheiten wäre...» («In Defence of Man», 1929)

Frauen ist es oft unmöglich, Familie und Beruf zu vereinbaren, wenn wichtige Meetings immer unregelmäßig oder abends abgehalten werden. Auch die nachzuweisende Zielstrebigkeit im

Lebenslauf, die als karrierefördernd gilt, ist an männlichen Bedingungen ausgerichtet. Frauen sind zielstrebig, aber ihr Lebenslauf hat Unterbrechungen, und mit 40 stehen Frauen mit zwei Kindern noch nicht auf ihrer Karriereschiene. Das gelingt nur Männern, denen die Ehefrauen ihre Zeit verfügbar machen, damit diese sich 150 Prozent in ihrer Firma einbringen können. Frauen haben sich eine hohe soziale Kompetenz erworben und sind belastbar. Untersuchungen fanden heraus, dass Frauen ihr Lebenshoch zwischen dem 50. und 70. Lebensjahr haben.

Wie «Mann» zur Macht kommt

Wenn das Potenzial präsentiert wird, geht es darum, den eigenen Machtbereich zu markieren und gegen andere abzugrenzen oder ihn zu vergrößern. Um einen besseren Zugang zur Macht zu finden, ist es wichtig, sich mit dem Machtbegriff und den vielfältigen Aspekten der Macht auseinanderzusetzen.

Was ist Macht?

Der amerikanische Präsident Abraham Lincoln sprach eine große Weisheit aus: «Willst Du den Charakter eines Menschen kennen lernen, so gib ihm Macht.»

Macht beschreibt ein Verhältnis der Menschen untereinander. Macht diskriminiert, indem sie ein Oben und Unten schafft, beziehungsweise das Verhältnis von Mächtigen und Ohnmächtigen herstellt. Im zeitlich begrenzten machtfreien Raum entwickeln sich verstärkt Machtkämpfe, so lange, bis wieder eine Rangordnung hergestellt ist. Macht und Einfluss sind prinzipiell positive Eigenschaften, ohne die keine Veränderungen möglich wären. Die entscheidende Frage ist, wie Macht legitimiert ist und wie sie genutzt wird.

Der Soziologe Max Weber definierte «… Macht als Chance, innerhalb einer sozialen Beziehung, den eigenen Willen auch gegen Widerstreben durchzusetzen». Derjenige ist mächtig, der erfolgreich das tut, was er tut, und auch andere dazu bringt, das zu tun, was er will, ohne sich rechtfertigen zu müssen.

Folgt man dieser Definition, wird deutlich, dass die eigene Leistung kein Machtfaktor sein kann, wenn nicht noch andere Fähigkeiten dazukommen. Es geht darum, die eigenen Leistungen sichtbar zu machen und zu verkaufen, und dazu sind weitere Qualitäten gefragt, nämlich solche, die mit Macht zu tun haben: Profilierung und das Herstellen eines guten Images sowie das Verbreiten des eigenen Ansehens. Dazu sind Kontakte und Stehvermögen wichtig und das Wissen, wie systematisch und effizient vorgegangen werden soll, also strategisches Verhalten. Strategien zu haben bedeutet, ein planvolles Vorgehen zur Verwirklichung eigener Ziele und Vorstellungen zu entwickeln.

Die deutsch-amerikanische Philosophin Hannah Arendt unterscheidet zwischen Macht und Gewalt. Die Gewalt, so Arendt, basiert auf physischer, gegebenenfalls auch militärischer Kraft und Überlegenheit. Macht hingegen entsteht, wenn Menschen zusammen handeln, wenn sie sich zusammentun, um ein Ziel zu erreichen. So gesehen, sind Führungskräfte durch ihre Position autorisiert, Macht auszuüben um, zusammen mit den Mitarbeitenden, ein Ziel zu erreichen. (Nach Kreisel, Reinhard: «Die ewige Zweite», siehe auch Bibliografie auf Seite 175)

In Organisationen geht es auch um Konkurrenz. Dabei wird Macht weniger offen ausgeübt, um sich persönlich zu ermächtigen.

Soziale Macht und persönliche Macht
Die Frage ist, wie Frau oder Mann den eigenen Einfluss vergrößern können. Welche Möglichkeiten, welche Machtquellen stehen dafür zur Verfügung?

Macht kommt zunächst mal von *machen*. Je mehr Macht Sie haben, desto mehr können Sie Ihre Ideen und Ziele verwirklichen, desto mehr lässt man Sie machen – umso mehr machen die anderen mit.

Was sind die Voraussetzungen dafür? In Organisationen speist sich Macht aus verschiedenen Quellen. Man kann drei Hauptquellen identifizieren:
- *Soziale Macht:* Die Fähigkeit, Beziehungen aufzubauen, steht mit hoher sozialer Kompetenz in Verbindung. Darüber hinaus sind die Beziehungen zu anderen Mächtigen, aber auch zu Gleichgestellten wichtig.
- *Persönliche Macht:* Welcher Ruf begleitet Sie aus der Vergangenheit, welche sichtbaren Erfolge weisen Sie nach? Über welche Finanzquellen verfügen Sie oder zu welchen haben Sie Zugang? Von Vorteil sind natürlich auch ein Spezialwissen, besondere Kenntnisse oder Erfahrungen, also Kompetenzen, die Sie auszeichnen und die nicht oft auf dem Markt anzutreffen sind.

Beispiel:
Dr. Rost, Facharzt, doppelt promoviert, ist in einer Spezialklinik tätig. Dort ist er nicht besonders beliebt, weder bei den Patienten noch beim Personal. Er ist ein Kopfmensch und kann sich nicht besonders in seine Patienten einfühlen, zum Personal hält er Distanz. Auch seine praktischen Leistungen lassen gelegentlich Zweifel aufkommen. Dennoch steht der Klinikinhaber hinter ihm. Sein Erfolgskonzept: Er publiziert viele Artikel und kann dadurch immer wieder größere Summen an Geld beschaffen, womit die Klinik Projekte finanziert, die sie in ein gutes Licht in der Öffentlichkeit stellen.

Weitere Machtquellen sind:
- *Materielle Macht, Besitz, Geld:* Firmenbesitzer, Inhaber, Investoren verfügen über finanzielle Ressourcen. Damit sind sie zwar nicht ganz unabhängig, aber doch sehr mächtig. Sie haben das Sagen, gestalten, setzen sich durch oder entziehen sich, indem sie die Energie in Form von Geld zurücknehmen und woanders hin verschieben.

- *Ökonomische Macht:* Diese Form der Macht wird an der Börse, bei Banken gepflegt und von Investoren angewendet, indem entschieden wird, wie und wofür materielle Ressourcen eingesetzt werden.
- *Wissen, Informationen:* In Firmen gibt es zunächst ein Wissenspotenzial, das als «Humankapital» bezeichnet wird. Es ist firmenspezifisches Know-how und organisationsbezogenes Insiderwissen. Dabei handelt es sich um Erfahrungswissen, das bestimmte Personen bei ihrem Weggang mitnehmen. Mitarbeitende, die lange dabei sind, kennen die inoffiziellen Strukturen sehr genau. Wie wertvoll dieses Wissen der «Alten» ist, haben jene Firmen erfahren müssen, die sich im Zuge von Restrukturierungen aller Mitarbeitenden über 50 entledigt hatten. Ihr Erfahrungswissen ging verloren.
  Nachfolgenden bei Firmenübernahmen ist dieses Wissen manchmal auch suspekt. Sie entlassen langgediente Mitarbeitende, um das alte Organsationswissen loszuwerden. Ausgeschiedene Politiker wie der ehemalige deutsche Bundeskanzler Schröder sind andererseits begehrte Partner, weil sie über ein sehr spezielles Humankapital und besondere Kontakte verfügen. Aus diesem Grunde erhalten sie interessante Arbeitsangebote.
- *Modellmacht:* Menschen, die als Vorbilder gesehen werden, beeinflussen andere und werden nachgeahmt. Dies kann zum einen ihre Erscheinung oder ihr Auftreten sein, zum anderen ihre Art zu leben, ihre Wertehaltung oder aber auch ihre Lebensphilosophie. Der Guru Baghwan, später Osho, beeinflusste diesbezüglich und hatte eine große Anhängerschaft.
  Im Kleinen, aber nicht Unwesentlichen wirken die eigenen Eltern oder Bezugspersonen und gewählte Vorbilder, die während der frühen Lebensphase als Modelle anwesend sind. Sie bewirken eine Beeinflussung ohne ihr absichtvolles Zutun.
- *Artikulationsmacht:* Wer sich darüber im Klaren ist, was er fühlt, wie diese Gefühle sein Denken beeinflussen, welche

Urteile dadurch entstehen, und dies auch im Gespräch mitteilen kann, bringt eine wichtige Voraussetzung für die Beeinflussung anderer mit. Die Fähigkeit, sich positiv und überzeugend mitzuteilen, bewirkt eine Anziehungskraft, die als Charisma oder Charme bezeichnet werden kann.

- *Beeinflussungsmacht:* Das ist die Fähigkeit, andere zu überzeugen, sie dazu zu bringen, im eigenen Sinne zu handeln. Führungskräfte brauchen diese Qualität, aber sie ist auch Voraussetzung, um in eine Führungsposition zu gelangen.
- *Organisationsmacht:* Um den eigenen Einfluss zu vergrößern, ist es gut, nicht allein dazustehen. Wenn Sie eine bedeutende Organisation vertreten, werden Sie als mächtig angesehen. Wenn Sie über keine eigene Organisation verfügen, verschaffen Sie sich Einfluss in einem Netzwerk und lassen Sie sich zur Sprecherin wählen, die nach außen repräsentiert. Damit hat das, was Sie sagen, mehr Gewicht, und Ihre Person gewinnt an Bedeutung.
Diese Außenwirkung hat auch eine Rückwirkung, indem die außen erlangte Macht auch die Macht in der eigenen Organisation verstärkt.
- *Handlungsmacht:* Wenn Verhandlungen geführt werden, ist es wichtig zu wissen, ob der/die Verhandelnde die Kompetenz hat, das Ausgehandelte auch auszuführen. Ist er/sie nicht mit dieser Kompetenz ausgestattet, sind die verhandelten Ergebnisse wertlos, weil sie unter Umständen nicht ausgeführt werden und damit bedeutungslos sind.
- *Erzwingungsmacht:* Der persönliche Handlungsraum ist so gestaltet, dass es Ihnen möglich ist, Weisungen durchzusetzen, Befehle zu geben und mit Sanktionen Ihren Einfluss geltend zu machen.
- *Körpermacht:* Präsenz ist eine Form von Körpermacht, aber auch Stärke und die Ausstrahlung von Kraft. Im Negativen kann es Gewalt oder Einschüchterung sein, im Positiven Anziehung. Auch die Sexualität ist ein Aspekt der Körpermacht.

- *Lebensmacht:* Frauen sind die Lebensträgerinnen, Inhaberinnen eines besonderen Potenzials, dessen sie sich wenig bewusst sind. Von Männern ist dieses Potenzial längst erkannt. Gewalt gegen Frauen als Lebensträgerinnen macht sie zum Spielball obszöner Machtstrategien im Kriegsfall. Missbrauch von Frauen ist ein Kampfmittel, mit dem das bekämpfte Volk zermürbt und kolonialisiert werden soll.

Die aktuelle demografische Diskussion bewirkt, dass die Berufstätigkeit von Frauen Unterstützung findet, indem die Kinderbetreuung öffentlich gefördert wird. Frankreich ist diesbezüglich deshalb weiter vorangeschritten, weil das Land nach dem Zweiten Weltkrieg ausgeblutet war. Die Frauen erfuhren bei der Kinderbetreuung größtmögliche staatliche Unterstützung, um ihre Gebärfreudigkeit zu erhalten.

Inoffizielle Machtgefüge

Grundlagen der Macht sind auch am Aufgabengebiet und an der Ansiedlung ablesbar. Beobachten Sie, wer Budget- und Umsatzverantwortung hat und damit über die Machtquelle Finanzen bestimmt.

- Wer ist im Zentrum der Macht angesiedelt und wer wird von dort entfernt?
- Wer gehört einer Abteilung an, die besonders angesehen ist?
- Wer wird entfernt, wer geholt?

Dabei ist immer festzustellen, wie wichtig diese Abteilungen für die Unternehmensziele sind. Finanzen, Vertrieb und Marketing gehören in der Regel zu diesen Kernbereichen.

Empfehlenswert ist auch das Motto: Keine Freundschaften am Arbeitsplatz! Das erhöht die Flexibilität, und bei einem Machtwechsel sind Sie in der Lage, Ihre Stellung zu behalten. Wenn Sie sich bedeckt halten und Sie nicht eindeutig zuzuordnen sind, können Sie Ihre Strategie verändern beziehungsweise der neuen Situation anpassen.

Männlichkeit als Macht
Im Wörterbuch der Gebrüder Grimm wird das männliche Glied als «Gemächt» oder «Macht» bezeichnet. Die Begriffe «Potenzial» und «Potenz» haben ebenfalls einen Bezug zur männlichen Geschlechtlichkeit.

Showing some balls, die «Eier» zeigen, ist im Amerikanischen ein Synonym für Mut und Rückgrat. George W. Bush scheute sich nicht, diesen Ausdruck wörtlich zu nehmen. Als er sich im Mai 2003 auf den Flugzeugträger «USS Abraham Lincoln» fliegen ließ, erschien er in der Montur eines Bomberpiloten. «Die Fallschirmgurte über dem Pilotenoverall waren so gespannt, dass sich zwischen den präsidialen Beinen eine beeindruckende Wölbung abzeichnete.»

Richard Goldstein kommentierte in der New Yorker *Village Voice*: «Ich kann nicht beweisen, dass sie ihm da noch was reingestopft haben, aber die PR-Abteilung im ‹Weißen Haus› hat sich genau überlegt, wie das auf dem Bildschirm aussieht.» (aus: «Die Zeit»: «Kein Held nirgendwo», http://zeus.zeit.de)

Unter diesem Machtaspekt betrachtet, sind Frauen von Natur aus nicht mit Macht ausgestattet. Allerdings ist das Gemächt der Männer auch der Ort ihrer absoluten Ohnmacht. Die Wahrheit darüber verrät der Erfolgszug von Viagra. Das starke Geschlecht ist vor allem bedürftig nach Ermächtigung.

Die Moralkeule: Die Macht der Schwachen
In seiner «Genealogie der Moral» geht Nietzsche davon aus, dass die Moral ein Machtmittel ist, das die Priesterkaste erfand, um Einfluss auf die herrschenden und überlegenen Krieger zu nehmen. Er zeigt damit, dass es den Schwachen über Begriffe wie Gewissen, Schuld und Pflicht gelingt, Macht über Stärkere auszuüben. Moralisieren ist ein beliebtes Mittel auch erfolgsorientierten Frauen gegenüber, um sie von Machtansprüchen abzuhalten.

Derzeit entscheiden sich fast 40 Prozent der Akademikerinnen dafür, berufstätig zu sein und auf Kinder zu verzichten, was im Wesentlichen mit den familienunfreundlichen Strukturen unserer Gesellschaft zusammenhängt. Diese Frauen werden moralisch belegt und daran erinnert, was ihre ureigentlichen weiblichen Pflichten der Gesellschaft gegenüber wären. Ihre Entscheidung für die Karriere wird moralisch bewertet. Sie werden als unweiblich und karrieregeil abgetan.

Interessanterweise werden Männer auf diese Art moralisch nicht in die Pflicht genommen, wenn sie sich aufgrund ihrer Karriere den familiären Verpflichtungen entziehen. Moderne und gut ausgebildete Frauen übernehmen selbst Verantwortung. Indem sie sich nicht von einem Lebenspartner ernähren lassen und sich dabei in Abhängigkeit begeben, entlasten sie auch den männlichen Partner und geben ihm die Chance, Vaterbegabungen zu leben.

Diese Entlastungen empfinden traditionelle Männer als Entmachtung. Wenn Frauen in Partnerschaften Autonomie fordern, verwirklichen sie Werte, die für Männer seit langem selbstverständlich sind. Doch wenn zwei dasselbe tun, ist es noch lange nicht das Gleiche!

Davon abgesehen ist das Moralisieren eine beliebte weibliche Strategie, um Ziele in Verhandlungen durchzusetzen. Frauen sollten sich darüber im Klaren sein, dass Argumentieren und der Nachweis von Zahlen, Daten und Fakten die Strategie der Stärke ist und in Verhandlungen besser ankommt.

Statussymbole

Macht zu gewinnen und eine Machtposition einzunehmen ist nicht ganz einfach, aber mindestens genauso schwierig ist es, die errungene Machtposition zu erhalten. Das ist eine weitere Herausforderung.

Wenn man sich mit einer Aura der Macht umgibt, beeinflusst das die Menschen in der eigenen Umgebung derart, dass es ihnen leichter fällt, Respekt zu zollen. Dieses Verhalten begünstigt die Machtausübung und schont die persönlichen Ressourcen. Ein Chef oder eine Chefin soll auch Chef- beziehungsweise Chefinnenverhalten zeigen, lautet die Erwartung von vielen Mitarbeitenden. Und wie kann diese so genannte Aura der Macht entstehen? Ganz einfach: Sie muss inszeniert werden.

Dazu gehört neben einem bestimmten Auftreten (gut beobachtbar bei der Queen von England oder anderen gekrönten Häuptern) der Einsatz von Statussymbolen. Sie sind die Insignien der Macht und als solche ein nicht zu unterschätzendes Beiwerk. Statussymbole zeigen an, wer welchen Rang einnimmt und wem welches Verhalten zusteht.

Statussymbole sind indirekte Machthinweise. Sie sind eine beeindruckend einfache Kommunikationsform und dienen wunderbar und Ressourcen schonend als Machterhaltungsmittel. Auf sie zu verzichten wäre einfältig.

Statussymbole transportieren ihre Botschaften mittels Lage und Ausstattung des Büros, Automarken und Dienstwagen, Flügen in der Business-Class, reservierten Parkplätzen, der Anzahl Sekretärinnen, technischer Ausstattung wie Mobiltelefon und Organizer, Dresscode und Privilegien ganz allgemein.

Managementratgeber empfehlen, um Statussymbole auch dann zu kämpfen, wenn sie einem nicht zustehen. Statussymbole erhöhen und festigen Ansehen und Einfluss. Männer achten nicht nur auf diese Zeichen, sie lassen sich auch von ihnen leiten, denn sie sind ein wichtiger Bestandteil ihrer Kultur. Im Gegensatz zu Frauen wissen sie mit diesen Insignien der Macht schlau umzugehen und sie strategisch wirkungsvoll einzusetzen, selbst dann, wenn sie ihnen gar nicht zustehen. Frauen dagegen haben wenig Sinn dafür und verzichten gerne auf derartige Äußerlichkeiten, die Macht nach außen demonstrieren soll. Sie verzichten damit auch auf Einfluss und erschweren sich das berufliche Standing unnötig.

Beispiel:
Sieglinde Haftmann ist Chefin eines großen Unternehmens. Sie hat sich hart hochgearbeitet. Ihr Engagement macht sie erfolgreich. Dennoch ärgert sie sich immer wieder über männliche Kollegen, die sie nicht wie eine Chefin behandeln. Als sie sich eines Tages wieder bei ihrem Ehemann beklagt, gibt dieser ihr den Ratschlag, sie solle nun auch endlich mal als Chefin auftreten, indem sie sich von ihrem VW Golf trennt und sich einen Wagen zulegt, der ihrem Status entspricht. Sie befolgt diesen Rat, steigt auf einen A6 um und erhöht damit deutlich spürbar ihr Ansehen. Sie fühlt sich besser wahrgenommen und entlastet.

Statussymbole geben Männern Orientierung und Sicherheit. Verwirrt sind sie aber besonders dann, wenn Status nicht entsprechend dokumentiert wird. Das verführt sie zu Fehlverhalten.

Der Verzicht auf Statussymbole ist typisch für Frauen und zeigt, wie wenig ihnen die hierarchische Kultur vertraut ist. Sie gehen davon aus, dass Engagement und Leistung wichtigste Werte sind, und unterschätzen wesentliche Äußerlichkeiten.

Männer sind für diese Anzeichen hoch sensibilisiert. Sie achten darauf und interpretieren. Instinktiv reagieren sie mit Respekt beim Vorhandensein bestimmter Merkmale oder lassen sich zu Übergriffen verführen, wenn diese Signale fehlen. Männer allgemein und besonders in Hierarchien lassen sich stark von äußeren Signalen steuern, was nicht heißen soll, dass Frauen diesbezüglich nicht ansprechbar wären. Sie sind es auch, aber nicht so ausschließlich, da ihre Wahrnehmung ganzheitlicher angelegt ist. Frauen lassen sich weniger blenden als Männer. Sie überprüfen sensibel, ob das, was Äußerlichkeiten sind, mit dem Restverhalten zusammen stimmt. Statussymbole sind somit ein wirkungsvolles Kommunikationsmittel des Systems, dem hohe Akzeptanz zukommt. Was wäre eine Königin ohne Krone und Zepter, wie käme ein Bischof ohne Bischofsstab und Mitra daher?

Wie Sie Macht nutzen

Ziele und die Fähigkeit, diese auch durchzusetzen, hängen von der eigenen Machtposition ab. Wenn Sie sich über Ihre Ziele im Klaren sind, wenn Sie wissen, was Sie wollen, und die Prioritäten kennen, dann kann es schon fast losgehen.

Aber nur fast. Neben Ihrer Leistung benötigen Sie nun spezielle Fähigkeiten. Um den eigenen Einfluss zu vergrößern, ist es unabdingbar, die hierarchischen Gepflogenheiten zu kennen. In Ihrem Erfolgsstreben sind Sie keine Einzelkämpferin, denn Erfolg hat nur, wer ihn auch von anderen zugebilligt bekommt. Dazu gehören Vorgesetzte genauso wie die Kollegen und Kolleginnen. Hier ist die eigene Sozialkompetenz Voraussetzung dafür, um Akzeptanz und Anerkennung zu erhalten. Denn Erfolg braucht beides: fachliche Leistung und persönliche Wertschätzung. Eine amerikanische Studie machte folgende Bedingungen für Erfolg aus:

- 10 Prozent = Performance, also die Leistung
- 30 Prozent = Image, also das aufgebaute Bild, das andere als Botschaft wahrnehmen sollen
- 60 Prozent = Exposure, also der Ruf, der dem Erfolgreichen vorauseilt

Um erfolgreich zu sein und den persönlichen Einfluss zu mehren, ist zwar die Erfüllung aller drei genannten Bedingungen erforderlich, aber eben in einer anderen Gewichtung, als Frauen es vermuten:

Leistung erbringt frau mit links – Frauen sind Arbeitspferde, leider, denn im Business kommen Rennpferde schneller voran. Sie sind elegant, schnell und positionieren sich. Fach- und Expertenwissen sind auch kein Problem. Nachgewiesen ist, dass Frauen die besseren Abschlüsse machen.

Kommen wir zum *Image*: Sich das Bild schaffen, das andere von einem wahrnehmen sollen, das fällt Frauen schon schwerer. Nicht weil sie das nicht könnten – nein, sie gewichten anders. Sie glauben immer noch, dass Leistung auch das erforderliche Image erbringt. Und wenn sie schuften, werden es die anderen schon merken. Und der Chef wird das Übrige durch Lob schon dazutun. Der Chef als Märchenprinz, der sein Dornröschen wachküsst... Im Business gibt es manche Märchenstunde, aber nicht mit dieser Story.

> **Beispiel:**
> Laura ist als Ingenieurin in einem traditionellen Betrieb allein als Akademikerin unter Männern. Immer wieder wird sie aufgrund ihrer guten Leistungen angefeindet. Sie entdeckt eine Nische und beschäftigt sich intensiv mit der EDV, was niemand gerne machen will. Damit qualifiziert sie sich und wird gebraucht. Als sie sich wegbewerben will, weil sie weiterkommen möchte, bittet sie ihren Chef um eine Empfehlung. Er verweigert sie und erklärt es damit, dass er sie nicht verlieren will.

Selbstverständlich merken alle, dass frau sich mit ihrem Potenzial einbringt, aber Leistungsverhalten schafft in erster Linie Konkurrenz, und diese muss nicht durch Lob gefördert, sondern durch entsprechende Maßnahmen eingedämmt werden.

Leistung zu zeigen ist wichtig. Aber sie ist auch eine Kriegserklärung, der Wettkampf beginnt, und gewinnen wird, wer die bessere Kondition, in diesem Fall, die besseren Konditionen hat.

Beste Konditionen hat, wer über ein gutes Image verfügt und sich Anerkennung verschafft hat. Diese Faktoren gewähren Rückhalt beim Wettkampf um Einfluss und Macht.

Deshalb ist es unabdingbar, sich mit dem eigenen *brand*, nämlich der «Marke Ich», zu beschäftigen. Es ist nicht einzusehen, warum die grundlegenden Markenbildungs- und -führungstechniken großer Firmen (Coca Cola, Apple) nicht auch individuell funktionieren sollten. Hervorragend sind diese Mechanismen beschrieben im Buch von Petra Wüst, «Selfbranding für Manager».

Exposure bedeutet, Außenwirkung zu haben, bekannt und wertgeschätzt zu sein und über einen guten Ruf zu verfügen. Um dies zu erreichen, ist neben hervorragenden Leistungen und Sozialkompetenz die Selbstmarketingskompetenz gefragt. Stellen Sie sich dazu folgende Fragen: Wer ist wichtig und soll von mir erfahren, damit mir ein guter Ruf vorauseilt? Das braucht strategisches Denken. Wo präsentiere ich mich am wirkungsvollsten, welche «Bühnen» sind die größten, und wie erreiche ich die effizientesten Multiplikatoren?

Netzwerke: Warum Sie andere brauchen
Statt sich auf das Perfektionieren der eigenen Leistung zu konzentrieren (die ja durch die eingenommene Position schon anerkannt wurde), ist es ab jetzt vorteilhafter, ein Netzwerk zu suchen und zu pflegen, das dafür sorgt, dass Ihr Image sich schnell verbreitet.

Netzwerke sind Systeme, die Frauen genauso brauchen wie Männer. Beruflich fördernd sind geschlechtsgemischte Netze.

Sie sind ein informelles System, in dem sich Sympathien entwickeln und zum Antriebselement des Erfolgs werden. Statt im Einspänner zu fahren, lanciert ein gutes Netzwerk Sie mit der informellen Kraft eines Turbomotors an die Position, um die Sie sich bemühen. Wenn Sie Einzelkämpferin sind, sind Sie schwach. Es gibt niemand, der Sie hält, und schon ein Hauch über Nachrede fegt Sie weg.

Netzwerke sind Seil- und Klettergemeinschaften. Sie sind ein intensives, strategisches Netz, das Informationen schnell transportiert, aber auch Anschauungen und aktuelle Gegebenheiten schnell weitervermittelt. In Netzwerken finden Austausch und gegenseitige Beeinflussung statt. Hier verkehren und verhandeln Menschen miteinander und beeinflussen sich gegenseitig. Neben Kontakten erhalten Sie Informationen, die Sie brauchen, um andere zu toppen. Hier besteht die kürzeste Verbindung zwischen einem Problem und den nötigen Informationen, es zu lösen. Sie erfahren Synergien, die Ihnen das Berufsleben und das Erreichen von Zielen erleichtern.

Darüber hinaus sind Netzwerke für Frauen auch attraktiv und notwendig, um sich mit Frauen auszutauschen; Frauen, die über Erfahrungen mit Hierarchien und dem Umgang mit Männern in Hierarchien verfügen. Hier tauschen sich Löwinnen und Wölfinnen aus und entwickeln gemeinsam Strategien. Hier gibt es Feedback zur eigenen Orientierung, aber auch als Quelle für Respekt und Selbstachtung.

Zusammenfassung

Machtinhaberin oder Machtfrau zu sein empfinden viele Frauen als unangenehm, weil sie damit eher Machtmissbrauch verbinden. Erforschen Sie Ihr Denkkonzept! Macht ist die Ressource, um Veränderungen vornehmen zu können. Macht steht nicht einfach für sich da. Macht kann unter den Aspekten betrachtet werden: Sie bietet Einflussmöglichen und Erweiterung; sie kann auch Begrenzung oder Behinderung bedeuten.

Übung:
Stellen Sie sich diese Fragen; notieren Sie sich die Antworten:
- Wozu brauchen Sie in Ihrem Leben Macht?
- Wie fühlt sich Ohnmacht für Sie an?
- Wozu brauchen Sie Macht im Berufsleben?
- Welches Bild steigt in Ihnen auf, wenn Sie sich vorstellen, MACHT über andere zu haben?
  – Macht über Männer?
  – Macht über Frauen?
  – Macht über Kinder?
- Welches Bild brauchen Sie von sich, um Ihre Macht als angenehm zu erleben?
- Wenn Sie sich als Machtfrau unwohl fühlen, dann sollten Sie sich vorstellen, welche Vorteile Ihnen die Macht bringt. Wel-

che Ziele könnten Sie verwirklichen? Welche Situationen können Sie verändern, was bewirken Sie? Sind Sie durch die Macht eine Gestalterin, Retterin, Organisatorin, Veränderin – welches Bild von sich brauchen Sie als ERLAUBER?
- Über welche Machtquellen verfügen Sie schon?
- Welche benutzen Sie aktiv, indem Sie sie einsetzen?
- Welche könnten Sie aktivieren und bewusst einbringen?
- Welche müssen/könnten Sie sich aneignen? WIE?
- Auf welche Machtquellen verzichten Sie?
- Was hindert Sie an deren Einsatz?

Tipp:
Um herauszufinden, von wem Sie abhängig sind und wem gegenüber Sie das Sagen haben, orientieren Sie sich am Organigramm.
- Stellen Sie fest, wen Sie kennen, und unterscheiden Sie dabei, zu welchen Personen Sie ein großes Vertrauensverhältnis haben.
- Welche Ihrer Bekannten sind einflussreich?
- Entwickeln Sie Strategien, wie Sie Kontakte zu einflussreichen Personen herstellen und pflegen können.

8

Wie Frauen nach oben kommen

Das Glasdachphänomen

Folgt man einer Prognose der Internationalen Arbeitsorganisation (ILO) in Genf, dann dauert es mindestens noch 962 Jahre, bis in den Führungsetagen Gleichstellung zwischen Frauen und Männern hergestellt ist. Das Phänomen, dass Frauen den Durchbruch in die höchste Etage nicht erreichen, wird als Glasdacheffekt (englisch: *glass-ceiling effect*) bezeichnet.

Es ist eine bildliche Metapher dafür, dass gut ausgebildete Frauen in der Karriereschiene vom oberen Drittel einer Organisation oder aus Vorstandsebenen ausgeschlossen sind. Sie sehen diese Ebene, können aber diese Decke nach oben nicht durchdringen. Interessanterweise ist dieses Phänomen auch in skandinavischen Ländern beobachtbar, obwohl dort die Geschlechterdifferenzen nicht so extrem gelebt werden wie in anderen Ländern. Wenn zum Beispiel in Schweden ein Manager sich um 16 Uhr aus dem Meeting verabschiedet, weil er sein Kind vom Hort abholen muss, dann regt sich darüber niemand auf. In unseren Regionen dürfte das nicht oft vorkommen, ohne dass das Weiterkommen in Frage gestellt wäre.

Die Frage stellt sich, ob unbewusste Rituale im Zusammenhang mit Firmenkultur und -struktur den Zugang von Frauen und die Herstellung einer geschlechtlichen Ausbalancierung verunmöglichen. Oder ist die Geschlechterhierarchie, die irrational und unbewusst noch bei vielen Männern vorhanden ist, dafür verantwortlich? Denn rational gibt es keine Gründe für das Fehlen von Frauen im oberen Firmendrittel, ihre Leistungen sind hervorragend; ihr Wissen um diese unausgesprochenen Riten lässt allerdings sehr zu wünschen übrig.

Das patriarchale System schwächt durch seine Kultur der Regeln und Rituale starke Frauen und stärkt schwache Männer. Der Vorteil, männlichen Geschlechts zu sein, liegt darin, systemkonform eine Akzeptanz zugebilligt zu bekommen, die durch Leistung allein nicht zu erreichen und vor allem nicht auszugleichen ist.

Die Berliner Professorin Barbara Schäffer-Hegel formulierte es so: «Gleichberechtigung ist dann hergestellt, wenn die Frauen so durchschnittlich wie Männer sein können und damit in dieselben Positionen gelangen.»

Einstieg zum Aufstieg

Wenn Sie neu in eine Firma eintreten, sind Sie mit dem Status ausgestattet, den der Rang Ihnen zuweist, den Sie einnehmen. Sie profitieren von dem Image, das Sie sich durch Ihr Fachwissen oder andere Leistungen bereits erworben haben. Sie dürfen davon ausgehen, dass Sie sich ab jetzt bewähren müssen, denn Sie stehen unter Beobachtung und werden einige Tests bestehen müssen.

Beispiel:
Eine Schweizer Regierungsrätin berichtet, dass ihr der persönliche Mitarbeiter bei ihrem Dienstantritt die Post mit den Worten überreichte: «Frau Regierungsrätin, wollen wir jetzt die Post gemeinsam öffnen?»

Worauf diese entgegnete: «Hat dies mein Vorgänger auch so gemacht?»

«Nein, der hat die Post alleine geöffnet.»

«Dann werden wir das so beibehalten.» (nach: Esther Girsberger: Abgewählt)

Hier fand ein Test als Überrumpelungsversuch statt, der das Revier abstecken sollte, interessanterweise noch ganz am Anfang. Das hätte bei geringerer Achtsamkeit der Frau gut gelingen können, wenn sie von traditionellen weiblichen Verhaltensmustern des Hilfeannehmens Gebrauch gemacht hätte. Unterstützung anzubieten und Hilfe anzunehmen ist im Spiel um die Macht schwächend. Es weist darauf hin, dass bei der betroffenen Person eine Bedürftigkeit besteht. Der Unterstützer wird zum Machtteilhaber, weil er ein Macher ist. Hier wittert der Konkurrent eine Chance und bleibt dran – vielleicht kann er früher oder später punkten – die Fährte ist aufgenommen. Eine Variante der partnerschaftlichen Machtauftailung kann ebenfalls ein Beispiel für Machtverlust sein.

Beispiel:
Frau Pars ist zur Direktorin des Betriebs aufgestiegen. Das Geschäft entwickelt sich, die Aufgaben mehren sich so, dass die Besetzung einer StellvetreterInnenposition ansteht. Frau Pars denkt an Partnerschaftlichkeit und wählt einen männlichen Stellvertreter, mit dem sie wenig dominant, vielmehr partnerschaftlich und teamorientiert umgeht. Zu ihrer großen Überraschung ist sie ein Jahr später ihre Direktorenstelle los und der Stellvertreter nimmt ihre Position ein. Im Nachhinein sieht Frau Pars ein, dass sie sich zu wenig dominant und kontrollierend und zu vertrauenswürdig verhalten hat. Das gab dem Stellvertreter die Chance, seine Dominanz auszubauen. Nach und nach hat er sich mit Personen umgeben, die ihn unterstützten.

Das hierarchische System fordert neben Wissen und Können als Einstiegsqualifikationen Verhaltensqualitäten, um in einem Macht- und Konkurrenzsystem mithalten zu können.

Im hierarchischen System ankommen bedeutet, in Konkurrenz mit allen anderen zu treten. Auch den anderen geht es darum, ihren Einfluss zu erhalten oder gar zu vergrößern. Konkurrieren bedeutet Konflikte auszulösen, und seien es nur Interessenskonflikte. Wichtige Verhaltenseigenschaften als Voraussetzungen für den Erfolg sind Aufmerksamkeit, Konfliktfähigkeit, Belastbarkeit und Durchhaltevermögen.

Wenn Sie mit diesen Faktoren rechnen, sind Sie mental schon einmal gut gerüstet. Aber ab jetzt benötigen Sie Strategien, um Ihre Machtbasis Zug um Zug aufzubauen. Hier beginnt das Machtspiel, das im Machtkampf endet. Erfolgreich durchgestanden, bedeutet dies einen Zugewinn an Macht, von Männern als Erfolg definiert. Frauen bevorzugen es, ihren Einfluss zu vergrößern, was ebenfalls Macht bedeutet.

Machtspiele sind Tests, wie weit Sie die anderen gewähren lassen. Man möchte in Erfahrung bringen, wann Sie sich abgrenzen und wie deutlich. Die Spielchen können harmlos beginnen, etwa durch die Veränderung einer Sitzkonstellation oder dem Abändern des Arrangements von Pflanzen. Gerne wird das Territorialverhalten als Testversion genommen. Findet hier, im quasi harmlosen Bereich, keine Abgrenzung statt, kommt der nächste Übergriff: jetzt schon im fachlichen oder persönlichen Bereich. Der Machtkampf hat begonnen. Oft gehen die Auseinandersetzungen um scheinbar sachliche Angelegenheiten. In Wirklichkeit will man aber sehen, wer sich wie mit welchen Mitteln durchsetzt.

Die Durchsetzungsfähigkeit vergrößert sich mit jedem gewonnenen Machtkampf. Ihre Chancen im Machtkampf zu bestehen sind größer, wenn Sie sich einen Rückhalt durch Seilschaften und Netzwerke aufgebaut haben. Dann wissen Sie zum einen auch besser, was Sie erwartet und mit wem Sie rechnen müssen. Zum anderen erfahren Sie Respekt, da die Konkurrenten genau einschätzen, wer hinter Ihnen steht.

Dazu gehört natürlich auch der eigenständige Wille, sich

durchsetzen zu *wollen*. Die österreichische Schriftstellerin Marie von Ebner-Eschenbach hat das treffend beobachtet: «Der Satz ‹Der Klügere gibt nach› bringt die Dummen an die Macht.»

Grundvoraussetzung im Konkurrenzspiel um Macht und Ansehen, letztendlich im Poker um den Erfolg, ist Ihr Mentalprogramm: Was wollen Sie wirklich, und sind Sie bereit, Ihren Preis dafür zu bezahlen?

> **Übung:**
> Testen Sie sich selbst:
> - Sind Sie bereit für Ihren Erfolg, Ihr Beliebtsein einzutauschen gegen Aggressionen, die sich aus Konkurrenz und Neid ergeben? Können Sie daraus entstehende Diffamierungen und Abwertungen aushalten?
> - Wie fühlen Sie sich, wenn Ihre Konkurrenz Sie als Beißzange, gefühlskalt und grausam bezeichnet?
> - Sehen Sie Ihre Ziele klar vor sich und können Sie sie eindeutig und präzis mit wenigen Worten formulieren?
> - Ist Ihre Zielklarheit verbunden mit den erforderlichen Verhaltenseigenschaften zur Zielerreichung wie Beharrlichkeit und Einsteckqualitäten?
> - Ein gesundes Selbstbewusstsein erlaubt Ihnen, dass Sie als Frau sich richtig verhalten. Sie müssen sich nicht rechtfertigen. Selbstsicherheit ist die Basis für Ihren erfolgreichen Auftritt.

Autonomie ist, wenn frau sich holt, was sie braucht, statt zu warten, bis sie bekommt, was sie nicht will.

Ihr Erfolg wird daran gemessen, wie stark Sie in der Lage sind, Ihre Ziele auch gegen die Interessen anderer durchzusetzen. Während Sie einen Teil Ihres Teams überzeugen können, brauchen Sie Stehvermögen, um aufkommendem Widerstand standzuhalten. Das bedeutet, dass Sie über Aggressionen im positiven Sinne verfügen und Belastungen aushalten können. Denn das Terrain Ihres Erfolgs müssen Sie sich erkämpfen. Letztendlich bezahlen Sie Ihren Preis – aber Sie erhalten dafür eine Gegenleistung. Sie werden nicht beliebt, sondern respektiert sein. Nähe werden Sie gegen distanziertes Verhalten eintauschen und gelegentlich etwas einsam sein, wenn Sie Ihre Entscheidungen treffen. Das ist normal.

Der frühere Bundeskanzler Konrad Adenauer lebte nach der Devise: «Machen Sie sich erst einmal unbeliebt, dann werden Sie auch respektiert.»

Erfolgsvoraussetzungen: Organisationsintelligenz

Neben der vielgerühmten weiblichen Sozial- und Beziehungskompetenz kommt es jetzt auf weitere Qualifikationen an, die Frauen im Allgemeinen nur schwach entwickelt haben: zum einen die Organisationsintelligenz und zum anderen den Umgang mit Macht.

Wer sich in Organisationen bewähren will, muss wissen, wie sie funktionieren. Voraussetzung dafür ist die Fähigkeit, Zusammenhänge zu erkennen und richtig zu deuten. In Hierarchien gilt für den informellen Bereich, dass Sie dessen Regeln, Spiele und Rituale in Erfahrung bringen müssen.

Das Organigramm bietet eine Groborientierung, indem es Strukturen aufzeigt und den Beteiligten ihre Rolle zuweist. Da alle Beteiligten an einem organisatorischen Ziel arbeiten und dabei auch persönliche Ziele verwirklichen wollen, gibt es Regeln, die den Umgang miteinander vorgeben. Sie bestimmen, wie viel Teamorientierung erwartet wird und wie die Machtverhältnisse zu gestalten sind. Balancierung und Ausgleichen sind wichtige Themen, um das Miteinander zu gestalten. Auch Machtverhältnisse sind dynamisch, und es gilt, sie im Auge zu behalten.

Beispiel:
Sylvia Bung wird in ein großes Unternehmen geholt, um es zu sanieren. Sie hat Erfahrung in anderen Betrieben gesammelt, und es gelingt ihr gut, das Geschäft wieder in Schwung zu bringen. Nach drei Jahren bemerkt sie atmosphärische Veränderungen.

In der Aufsichtsratssitzung platzt die Bombe, und sie ist ihre Stelle los. Warum? Ihr Konkurrent war der Stellvertreter des vorherigen Chefs und damit mitverantwortlich für die Misswirtschaft.

Um nach geglückter Sanierung des Betriebs durch Frau Bung selbst wieder in die Chefposition zu kommen, legte er Frau Bung falsche Zahlen vor. Sie vertraute ihm, enthielt sich der Kontrolle und fiel ihm zum Opfer. Ihre Leistung zählte nicht, der Mogler hat sich den Chefposten erschwindelt, Frau Bung war zu vertrauensvoll.

Organisationsintelligentes Verhalten bedeutet, ein Gespür für Unausgesprochenes zu haben, um den Code bezüglich Kommunikation und Verhalten richtig zu deuten und nach ihm handeln zu können.

Es bedeutet, die *No-go-Areas* zu kennen und zu respektieren und sich strategisches Handeln anzueignen. Dazu muss frau sich Gedanken machen, wie sie sich innerhalb einer Organisation in ein Team einbringt, was sie in Erfahrung bringen muss und wie lange sie beim Beobachten ausharren muss, um wichtige Informationen zu sammeln. Sie muss auch wissen, wie sie sich verhalten muss, um den «Gruppengeruch» anzunehmen, der sie zum Teammitglied macht, ohne sich anzubiedern. Dann braucht es ein Verhalten, das dem Team ermöglicht, sich mit diesem neuen Teammitglied zu identifizieren.

Diese Voraussetzung ist eine Bedingung, wenn Mitarbeitende, vor allem Männer, ins Boot mit einsteigen sollen, um Aktivitäten zu unterstützen. Nur unter dieser Voraussetzung haben eigene Ziele eine Realisierungschance. Wenn dieser Boden der Akzeptanz nicht bereitet ist, wird konkurriert und Widerstand geleistet.

In Hierarchien ist es üblich, dass für Ideen von vornherein Verbündete gesucht werden. Diese sind Wegbereiter und erwarten natürlich, dass diese Solidarität auch ihnen widerfährt im Sinne von: «Eine Hand wäscht die andere.» Also, reichen Sie Ihre Hand, damit die andere Hand die Ihrige findet. Aber das braucht Vorbereitung und Vorsicht. Es könnte gut sein, dass die männliche Egomanie vergisst, die andere Hand zu waschen. Dann gilt es, dies einzufordern oder besser noch gar nicht erst in Vorleistung zu gehen.

Beispiel:
Roman Abramowitsch gilt derzeit als der reichste Mann der Welt unter 40 Jahren. Er zählt zu den russischen Oligarchen und ist als Waisenkind bei Verwandten in Sibirien aufgewachsen. Sein Onkel war ein glänzender Geschäftsmann, den er sich als Vorbild nahm. Zufall oder Absicht – Abramowitsch pflegte über Jelzins Tochter Irina gute Kontakte ins Zentrum der Macht. Dabei hielt er sich stets bedeckt. Es gab keine Fotos und keine Informationen von ihm und über ihn. In dieser Position hatte er Zugang zu den wichtigsten Informationen und Kontakten.

Seine großen Fähigkeiten lägen darin, ein Gespür für Menschen zu haben. Schnell ist er in der Lage, die Stärken und Schwächen von Menschen einzuschätzen. Er kann hervorragend kommunizieren und Menschen gewinnen. Obwohl er sich hervorragende Kontakte zu wichtigsten Personen aufgebaut hat, zeigt er im Umgang mit der Öffentlichkeit ein eher bescheidenes Verhalten.

Langfristige Trends erkennt er früh. Er kauft sich mit seinen finanziellen Mitteln immer wieder politisch-charismatisch ein und stabilisiert sich dadurch. Im Gegensatz zu anderen Oligarchen, die inzwischen in Russland im Gefängnis sitzen oder entmachtet wurden, versteht er es, mit den Machtinhabern so umzugehen, dass sie seine eigene Macht nicht als bedrohlich empfinden. (nach einem Artikel des Magazins «Park Avenue», Hamburg 1/2005)

Traditionelle Intelligenztests messen nur einen kleinen Teil des menschlichen Potenzials. Meist geht es dabei um sprachliche oder intellektuelle Fähigkeiten. Heute ist bekannt, dass intelligentes Verhalten sich aus vielen anderen Faktoren zusammensetzt als den von Intelligenztests gemessenen.

Ulrike Stednitz schreibt darüber ausführlich in ihrem Buch «Sprengen Sie den Rahmen»: «Neben den traditionell gemessenen Fähigkeiten wie logisch-mathematische Intelligenz oder räumliches Vorstellungsvermögen gibt es viele weitere intelligente Fähigkeiten. Wir sprechen heute zum Beispiel von kreativer Intelligenz, Beziehungsintelligenz, emotionaler und sozialer Intelligenz, aber auch von körperbezogener Intelligenz.»

Um Karriere zu machen, ist es für Frauen ganz wichtig, ihre Organisationsintelligenz zu entwickeln. Das bedeutet,

- Kenntnis zu haben, wie Organisationen funktionieren; Wissen um systemische Zusammenhänge, offizielle und inoffizielle;
- Beobachtung der Interaktionen in diesen Systemen und strategische Ausrichtung des eigenen Verhaltens; Zielorientierung im Abgleich mit den systeminternen Interessen und Möglichkeiten;
- Regeln und Rituale in Erfahrung bringen;
- indirektes Verhalten und indirekte Kommunikation deuten zu können;
- mit Unberechenbarkeit rechnen und umgehen können;
- den Informationsfluss zu kennen und die Informationskanäle zu beherrschen, auch die informellen; und
- Kontakte herzustellen und sich selbst zu inszenieren, um wahrgenommen zu werden.

Organisationsintelligentes Verhalten bedeutet, darauf zu achten und dafür zu sorgen, sich bei wichtigen Leuten ins richtige Licht zu setzen. Als Wegbereiter des guten Rufs zählen Ranghöhere. Machtinhaber untereinander leben ihr Konkurrenzprinzip, und jeder versucht, seine Favoriten weiterzubringen. Damit küren sie sich auch selbst. Wenn ihre «Ziehsöhne» und «Ziehtöchter» positioniert sind, partizipieren sie ebenfalls an der Macht.

Machtkompetenz

Christine Bauer-Jelinek zählt Machtkompetenz zur Sozialkompetenz. Im Gegensatz zur positiv wahrgenommenen Sozialkompetenz wird Machtkompetenz negativ bewertet. Das Bewusstsein, dass Machtverhältnisse überall vorhanden sind und sich dynamisch entwickeln beziehungsweise dass sie gestaltet werden können, ist besonders bei Frauen nicht vorhanden.

Machtamateure machen sich wenig Gedanken über Mechanismen der Macht, ihre Dynamik und deren Beeinflussung. Sie vertrauen auf das «Gute» beziehungsweise ihre eigenen hehren Absichten, ihre Offenheit und erwarten im Gegenzug die Fairness und Bereitschaft der Gesprächspartner, eine Win-win-Situation herzustellen. Philip Rosenthal, der Gründer der Porzellandynastie, wies schon darauf hin, wie es sich mit der Karriere verhält: «Karriere ist ein bisschen Sein, Schein und Schwein.»

Nun wissen Sie, womit Sie rechnen müssen, auch wenn Sie davon nicht Gebrauch machen wollen.

Machtkompetent zu sein bedeutet zunächst, anzuerkennen, dass es Machtverhältnisse gibt. Diese sind nicht konstant, sondern dynamisch und können gezielt gestaltet werden. Machtfreie Räume sind zeitlich begrenzt. Hier nehmen die Machtkämpfe zu, so lange, bis sich wieder eine Rangordnung hergestellt hat oder hergestellt wurde.

Die viel gerühmten und geschätzten flachen Hierarchien führen nicht zu mehr Harmonie, sondern vermehrt zu informellen

Machtstrukturen und Machtkämpfen. Um informelle Machtstrukturen zu durchschauen, braucht es eine hohe Machtkompetenz. Das heißt, dass gerade flache Hierarchien ein großes Wissen über Machttechniken und deren Einsatz erfordern. Nur dadurch ist es möglich, dass Individuen ergebnisorientiert ihre Ziele erreichen.

Wenn Frauen davon ausgehen, dass ihre Leistungen sie in Machtpositionen bringen und diese auch absichern, sind sie ebenso auf dem Holzweg, wie wenn sie annehmen, dass ausschließlich demokratisches Vorgehen und Harmoniebestreben gute Arbeits- und Führungsvoraussetzungen sind. Ganz im Gegenteil. Diese Voraussetzungen sorgen für Konfliktpotenzial, weil Aufgaben- und Verantwortungsbereiche sich so vermischen, dass sie weder überschaubar noch handhabbar sind.

Machtkompetenz ist der bewusste Umgang mit Macht und das Wissen darüber, wie sich Machtsituationen gestalten lassen. Das bedeutet, über die Fähigkeit zu verfügen, die Konsequenzen von durchgeführten und unterlassenen Handlungen einzuschätzen und die Verantwortung dafür zu übernehmen. Machtkompetentes Handeln gewährleistet nicht nur das Erreichen von Zielen, sondern sorgt auch für Konfliktgestaltung, indem der bewusste Umgang mit sich selbst und anderen die angetroffenen Situationen gestaltet und damit das Erreichen von Ergebnissen steuert. Folgende Voraussetzungen sind wichtig:
- In der Lage sein, die Legitimation eigener und fremder Machtansprüche zu bewerten,
- Erkennen, aus welchen Quellen sich die Macht in bestimmten Situationen beziehungsweise bei Personen speist, und einschätzen, über welche Machtquellen man selbst verfügt,
- Ziele klar und eindeutig formulieren,
- Schauplätze der Macht bewerten,
- Machttechniken kennen und einsetzen können,

Legitimation zur Machtausübung
Grundsätzlich ist zu überprüfen, wie Machtsituationen legitimiert sind – das heißt, zu erkennen, woher sich eigene und fremde Machtansprüche ableiten. Die Frage stellt sich: Wer ist wodurch ermächtigt und wie ermächtigen sich die Machtinhaber selbst? Eine Führungskraft ist durch ihre Aufgabe und Position in der Firma oder in einer Organisation autorisiert, Macht auszuüben. Ihre Machtquellen speisen sich aus der eingenommenen Position und den Aufgaben, aber auch aus ihrer Erfahrung und ihrem Fachwissen. Machtstabilisierend wirkt es sich aus, wenn sich zu dieser äußeren Legitimation durch Position und Wissen auch eine innere Legitimierung erkennen lässt. Diese ist an ethische Persönlichkeitsmerkmale gebunden, wie zum Beispiel Verantwortungsgefühl und die Verpflichtung, die eigene Macht zum Allgemeinwohl einzusetzen. Hier zeigt sich, dass die persönliche Werteorientierung eine wichtige Voraussetzung dafür ist, dass Macht nicht missbraucht wird. Aber auch die fehlende äußere Legitimation gilt als Machtmissbrauch. Gewissenskonflikte entstehen, wenn die innere Legitimation fehlt. Um sich selbst machtvoll zu inszenieren, um erfolgsorientiert einzugreifen, klären Sie die äußere Legitimation bei Ihren Verhandlungspartnern ab und prüfen Sie, wie Sie selbst legitimiert sind.

Beispiel:
Bei der Polizei und beim Militär werden für Sondereinsatzkommandos auch Scharfschützen ausgebildet. Ihre Aufgabe ist es, im Bedarfsfall Menschen gezielt zu töten. Sie können diese Aufgabe nicht erfüllen, wenn sie nicht eine äußere Legitimation haben, die sich durch eine Notsituation ergibt, in der ihr Einsatz als Notwehr legitimiert ist. Die innere Legitimation muss bei ihnen geschaffen werden, oder sie bringen sie von sich aus mit. Es ist wichtig, dass sie sich als Retter, nicht als Todesschützen oder Mörder sehen, sondern dass der durch sie abgegebene Todesschuss letztendlich Menschen rettet.

Erkennen Sie die Machtquellen
In Machtsituationen ist vor jeder eigenen Aktion zu klären, auf welche Machtquellen der Verhandlungspartner oder die Verhandlungspartnerin zurückgreifen kann. Welche Risiken können Sie und die anderen eingehen? Welche Seilschaften und Netzwerke stehen dahinter? Welche Allianzen gibt es? Wessen Interessen werden vertreten, und wodurch speisen sich die eigenen Machtressourcen?

Sich auf kräftezehrende Verhandlungen und Auseinandersetzungen einzulassen lohnt sich nur, wenn die Erfolgsaussichten mehr als 50 Prozent betragen, besser noch 70 Prozent ausmachen.

Welche Widerstände beobachten Sie, und wie sind sie zu bewerten?

Beispiel:
Wenn sich in einer Firma Veränderungen anzeigen, weil die Inhaber sie verkaufen wollen, spielen das Engagement der Menschen oder die Leistungen der Forschungsabteilung zunächst keine Rolle mehr. Dies hat nur dazu geführt, dass sich überhaupt ein Investor gefunden hat. Der interessierte Geldgeber wird mit der Geldmacht ausschließlich seine Interessen durchsetzen.

Welche Ziele haben Sie?
Ziele zu haben bedeutet autonome Lebensgestaltung. Wer sich keine Gedanken über seine Lebens- und Aufgabenziele macht, wird mit seinem Verhalten immer auf andere reagieren. Das bedeutet, dass man nicht selber lebt, sondern gelebt wird. Man lebt bildlich gesprochen, von den Brosamen der anderen.

Wollen Sie das?

Ziele zu haben bedeutet auch immer, sich zu entscheiden. Das fällt vielen Menschen schwer, da auch Fehlentscheidungen getroffen werden. Nicht getroffene Entscheidungen blockieren die Energie. Fehlentscheidungen zeigen an, wo der Fehler lag.

Und Fehler sind die wichtigsten Lernquellen. Lassen Sie uns die wichtigsten Komponenten durchgehen:

1. Zieldefinition
Untersuchungen der Yale University ergaben, dass Absolventen, die ihre Ziele schriftlich festgehalten hatten, nach fünf Jahren über das doppelte Einkommen verfügten. Ziele, die klar formuliert sind, geben Orientierung und verhindern Irrwege, die Zeit und Energie kosten.

Machen Sie sich klar, welche Ziele Sie haben, und setzen Sie Prioritäten nach dem Motto: eines nach dem anderen. Bedenken Sie dabei, dass Sie immer 100 Prozent Energie haben. Um sich nicht zu verzetteln, brauchen Sie für ein Ziel genau diese 100 Prozent. Frauen können sich oft nicht entscheiden und versuchen mehrere Ziele nebeneinander zu verwirklichen. Das Ergebnis davon ist, dass sie keines erreichen und unzufrieden mit sich selbst sind.

Wenn es sich um Ziele in Organisationen handelt, finden Sie heraus, welche Interessen und Bedürfnisse der Chef hat. Werden Sie nicht zu seiner Konkurrenz, sondern zu seiner Problemlöserin und tragen Sie mit dazu bei, dass der Chef zufrieden ist.

Formulieren Sie Ihr Ziel klar, eindeutig, positiv und konkret – so konkret wie möglich. Es muss durch Sie allein zu verwirklichen sein.

Beispiel:
Sie wollen eine bestimmte Position erreichen.
Sie wissen, dass diese in den nächsten zwei Jahren frei wird.
Allgemein formuliert: «Ich möchte Nachfolgerin von Frau Hellmann werden.»
Konkret ausgedrückt: «In zwei Jahren nehme ich die Position von Frau Hellmann ein.»
Damit konzentrieren Sie sich auf die Position und deren Gestaltung.

2. Wertecheck
Prüfen Sie, welche Ihrer Werte durch dieses Ziel verwirklicht werden beziehungsweise welche der Verwirklichung entgegenstehen und wie Sie damit umgehen können. Wenn Sie zweifeln, behindert das Ihre Motivation. Forschen Sie nach, denn: «Wer zweifelt, der will nicht. Wer wirklich will, der zweifelt nicht.»

3. Merkmale Ihres Zielzustands
Können Sie sich Ihr Ziel bildlich vorstellen? Die Vorstellungskraft ist die wichtigste Energie für die Zielverwirklichung. Was für Sie nicht vorstellbar ist, ist nicht realisierbar.

Stellen Sie sich bildlich vor, was Sie tun werden, wenn Sie das Ziel erreicht haben. Wo sind Sie? Wie fühlen Sie sich? Wie sehen Sie aus? Wie geht Ihre Umgebung mit Ihnen um?

Eine gute Möglichkeit dafür ist sich vorzustellen, wie Sie Ihren Geburtstag in zwei oder fünf Jahren feiern. Welche Ziele werden Sie verwirklicht haben, wo werden Sie sein, wie sehen Sie aus? Wer ist bei Ihnen, was sagen die Menschen über Sie? Wie fühlen Sie sich?

Die folgenden Überlegungen klären die Zielökonomie und -ökologie.

4. Veränderungen
Was verändert sich durch die Zielerreichung in Ihrem Leben? Diese Frage klärt ab, ob es sich lohnt, sich für Ihr Ziel zu engagieren.

5. Verluste
Überprüfen Sie die negativen Konsequenzen bei Ihren Veränderungen und denken Sie auch daran, auf was Sie in Ihrem neuen Zielzustand verzichten müssen. Spüren Sie nach, wie sich das für Sie anfühlt. Gibt es Ausgleich für diese Verluste?

Diese Zielökologie wägt ab, wie die Verluste einzustufen sind.

6. Ressourcenklärung
Welche Ressourcen brauchen Sie, um Ihr Ziel zu erreichen? Über welche Fähigkeiten müssen Sie verfügen, und wie viel Energie brauchen Sie? Wer wird Sie dabei fördern und unterstützen, und mit welchen Widerständen von welchen Personen müssen Sie rechnen? Wie können Sie darauf reagieren?

7. Entscheidung
Was hindert Sie an der sofortigen Umsetzung? Verlassen Sie Ihre Komfortzone und haben Sie Mut zum kalkulierten Risiko!

Denken Sie daran: Es ist besser, Fehler zu machen und diese dann zu bearbeiten, als nichts zu tun!

Was tun bei Misserfolg und Niederlagen?
Wenn Sie beim Verwirklichen Ihrer Ziele gelegentlich nicht so vorankommen, wie Sie es sich vorstellen, oder Ihre Ziele nicht erreichen, dann ist das keine Niederlage. Sie haben einen Lernimpuls erhalten und erfahren dadurch, dass Sie etwas anders gestalten müssen. Viele Frauen fragen sich: «Warum muss mir das passieren?» Diese Frage ist falsch gestellt und bringt Sie nicht weiter. WARUM-Fragen zielen in die Vergangenheit und sind nicht lösungsorientiert.

Fragen Sie sich bei Niederlagen besser: «Was lerne ich daraus?»

Beim Umgang mit Misserfolg und Niederlagen kommt es im Wesentlichen darauf an zu lernen, welche Korrekturen erfolgreich sind. Niederlagen sind wichtige Erfolgsvoraussetzungen, sofern Sie die richtigen Erkenntnisse daraus ziehen. Unter normalen Lebensbedingungen (Katastrophen ausgeschlossen) gibt es keine eindeutig positiven oder negativen Situationen. Aus beiden Situationen können sich destruktive und konstruktive Kräfte entwickeln. Wer bereit ist, negativ zu bewerten, wird sich Gedanken darüber machen, wie er für gute Zeiten büssen wird. Im

Gegensatz dazu kann man in einer negativen Lage erkennen, welche Aspekte sich ändern müssen, um zu einem verbesserten Ergebnis zu kommen.

Wenn Niederlagen Sie niedermachen, dann ist Ihr Selbstwertgefühl nicht stabil, und mit dieser Voraussetzung können Sie die Belastungen von Konkurrenzsituationen nicht überstehen. Viele erfolgreiche Menschen sind am Beginn ihres Tuns glorios gescheitert. Diesen Misserfolg zu überwinden war der Zündfunke, um den Motor des Erfolgs zu starten. Sie allein entscheiden, ob dieser Zündfunke ihre persönliche Energie abfackelt oder sie neu entfacht.

Formulieren Sie Ihre Ziele eindeutig und schriftlich, zunächst für sich selbst, in Fünf-Wort-Sätzen, und finden Sie Sachgründe, die sich mit den Zielen und Interessen der Firma und des Vorgesetzten decken.

Klären Sie in Vorgesprächen, wer bereit ist, mit ins Boot zu steigen, und sie unterstützt. Machen Sie sich klar, welche Interessen, Bedürfnisse und Ziele andere haben.

Sollten Sie mit den Zielvorgaben anderer nicht richtig zurechtkommen, weil diese Ihnen nebulös oder verwirrend erscheinen, dann befinden Sie sich in einem Machtspiel, und es handelt sich um eine Hinhaltetaktik oder ein Verwirrspiel, um Sie zu testen oder Ihr Gegenüber Zeit gewinnen zu lassen.

Um Ziele zu erreichen, müssen Sie sich um Strategien bemühen. Strategiekenntnisse sind wichtig.

Man unterscheidet dabei zwischen offensiven und defensiven Strategien.

Offensive Strategien handeln davon, wie man andere dazu bringt, im eigenen Sinne mitzuwirken. Bei der *defensiven Strategie* ist darauf zu achten, sich den eigenen Handlungsspielraum zu erhalten, da man immer auch in die Strategien anderer miteinbezogen ist.

Männer fragen sich daher, bevor sie sich engagieren: «Was habe ich davon, was bringt es mir?» Schließlich wollen sie bei allen Engagements, in die sie Zeit und Energie investieren, selbst davon profitieren.

Schauplätze der Macht
Macht wird in unterschiedlichen Bereichen oder auf unterschiedlichen Bühnen ausgetragen. Es ist wichtig, ein Gefühl dafür zu entwickeln, dass die unterschiedlichen Schauplätze jeweils auch ein anderes Machtverhalten erfordern. Bauer-Jelinek stellt sie anschaulich mit den Bildern das Haus, der Markt, die Burg und der Tempel dar. Folgende Machtplätze können unterschieden werden:

- *Das Haus – Macht im häuslichen Bereich:* Das Haus ist der Ort, wo sich Menschen ihren Beziehungsraum schaffen. Offenheit und Vertraulichkeit, auch Liebe sind wichtige Werte. Ziel dieses Bereichs ist die Lebenserhaltung oder auch die Erziehung von Nachwuchs. Leistung und Konkurrenz haben hier einen untergeordneten Stellenwert. Dennoch gibt sich die Hausgemeinschaft oder Familie Regeln, deren Befolgung erwartet wird. Traditionell hatte der Geldverdiener im Hause das Sagen und damit die Macht.
Der traditionelle Mann tritt als «Außen- und Finanzminister» auf. Er repräsentiert den Familienstatus und bestimmt über die Finanzen. Die Frau vertritt als «Innenministerin» die internen Angelegenheiten, wie die Regelung von Beziehungen untereinander. Das hört sich zwar ganz schön altertümlich an, aber überprüfen Sie in Ihrem Bekanntenkreis, wie die Regelungen sind, vor allem das Geld betreffend. Im Finanzbereich ist es um die Macht der Frauen immer noch schlecht bestellt.
- *Der Markt – der Platz, wo Gewinne gemacht werden:* In diesem Machtbereich geht es um Leistung und Produktion. Ziel ist, Gewinne zu erwirtschaften. Wichtige Werte sind Leistung, Konkurrenz und Durchsetzung. Werte wie Vertrauen und Offenheit treten in den Hintergrund. Das zeigt, dass in

diesem Bereich ganz andere Verhaltensweisen wirksam werden als im Privatbereich.
- *Die Burg – der Ort des öffentlichen Gemeinwesens:* Hier werden Regeln und Strukturen für das Miteinander geschaffen und verwaltet. Gesetze regeln das Verhalten und dienen dem Schutz. Burgen sind Orte des Herrschens und der Verteidigung. Ziel dieses Bereichs ist es, Sicherheit zu gewährleisten. Insofern sind Machtinszenierungen, um wahrgenommen und respektiert zu werden, ebenso wichtig wie die Kontrolle der Regeleinhaltungen. Burgregeln sind abgeschottet dominierend. Hier findet wenig Austausch statt. Sie sind Machtsymbole und führen ein Eigenleben. Der Zugang über die Zugbrücke ist nicht für alle offen.
- *Der Tempel – ein Ort der geistigen Auseinandersetzung:* Tempel waren ursprünglich die Orte, an denen religiöse Werte vermittelt wurden. Gleichzeitig haben auch Forschung und Wissensvermittlung hier ihren Ursprung. Heute zählen Universitäten und Kirchen zu den Stätten, an denen geistige Auseinandersetzung stattfindet und ethische Werte definiert werden. Ziel dieses Platzes ist es, Orientierung zu geben. Achtung, Respekt, Wissensgenerierung, aber auch moralische Kontrolle sind die entsprechenden Werte. Zu Tempel, Kirchen und Universitäten ist der Zugang unterschiedlich. Kirchen als Ort des geistigen Austauschs sind sehr elitär und diskriminierend, Frauen finden wenig Beachtung und zu den Ämtern keinen Zugang. Universitäten sind offener am Austausch interessiert, dennoch elitär. Wissenschaftssprache ist eine Methode, um nicht alle am Wissen teilhaben zu lassen. Dominanz ist auch hier ein wichtiger Wert.

Wenn Dominanz wichtig ist, dann finden beim Konkurrieren Machtkämpfe statt oder diese werden durch Reglemente und Kontrolle unterbunden.

Vergleicht man die Machtbereiche, wie sie früher definiert waren und wie sie sich bis heute verändern, so fällt auf, dass sich die Rollenaufteilungen nicht mehr klassisch streng vornehmen lassen.

Während der häusliche Machtbereich gern den Frauen überlassen wurde, war ihnen der Zugang zur «Burg», also zu Staat, Politik und Herrschaft, überwiegend verwehrt. Das ist heute nicht mehr so. Zugang zu den Wissenstempeln haben Frauen auch, nur Kirchen und Militär schließen Frauen teilweise noch rigide aus. Der Marktbereich war nie ganz frauenfrei, denn als Marketenderinnen verbuchten Frauen schon immer gute Geschäfte, auch wenn sie keinen Zugang zu den meisten Berufen hatten. Auch Bäuerinnen verfügten immer über ein eigenes Einkommen, indem sie ihre Produkte zu Markte trugen und verkauften. Dass Frauen Zugang zu qualifizierten Ausbildungen und Universitäten haben, ist relativ neu. 1896 wurde die erste Frau in Berlin zum Abitur zugelassen. Während 1908 die erste Frau in Preußen sich den Dr. phil. erarbeitete, veröffentlichte der Arzt Möbius ein Buch über den «Physiologischen Schwachsinn des Weibes», in dem er sich darin verstieg, das massemäßig kleinere Frauenhirn als Grundlage für seine Theorie zu nehmen. Bis 1914 waren Frauen nicht zum Kunststudium an Akademien zugelassen, mit der Begründung, das weibliche Geschlecht sei künstlerisch geringer veranlagt und tauge daher für die großen Aufgaben der hohen Kunst nicht...

Auch nachdem es rechtlich möglich war, wurde vielfach nicht in die Ausbildung der Frauen investiert; schließlich heirateten sie ja ohnehin. Der vermehrte Zugang der Frauen zu den *closed shops* der Ausbildungsstätten und Universitäten brachte eine Rollenvermischung, vor allem dann, wenn diese auch den Zugang zu beruflich attraktiven Positionen forderten. Das trägt sehr zur Verunsicherung der Männer bei.

Vor allem die älteren Semester bestehen auch heute noch auf dem Einhalten traditioneller Konzepte, die jüngeren probieren aus, sind irritiert und suchen nach Kooperationsmöglichkeiten, in denen sie selbst das Gesicht wahren und Akzeptanz in der näheren Umgebung erhalten. Größte Akzeptanz scheinen nach wie vor traditionelle Konzepte zu haben. Altem Wein in neuen Schläuchen kommt es gleich, wenn die klassische Rollenaufteilung verdeckt erhalten bleibt. Dann verlassen gut ausgebildete Frauen ihren Karriereweg, erziehen die Kinder und steigen später weit unter ihrem Ausbildungsniveau wieder ein. Die Abhängigkeit ist gewährleistet, die weibliche Altersarmut auch.

Techniken der Macht richtig einsetzen
Machttechniken sind Methoden, mit denen Sie sich in das Geschehen einbringen, um Ihr Ziel zu erreichen.

Bevor Sie Machttechniken einsetzen, müssen Sie in der Lage sein, die Machtverhältnisse und die Konsequenzen Ihrer Handlungen oder Unterlassungen einzuschätzen und die Verantwortung dafür zu übernehmen. Sie benötigen Informationen über die Situation und die Beteiligten, um wirksame Strategien und Taktiken zu entwickeln. Es kann mit offenem oder verdecktem Visier gekämpft werden, wie es in der Managersprache so schön heißt. Dementsprechend unterscheidet man zwischen friedlichen und kämpferischen Machttechniken.

Zu den friedlichen Machtmitteln zählen das Informieren, Diskutieren, Verhandeln, Verständniszeigen, Nachgeben, Vergeben, Vergleichen sowie das Herstellen von Konsens und Kompromissen. Kämpferische Formen der Macht sind: provozieren, angreifen, Rufmord, eskalieren, durchsetzen.

Machtmittel

Unfriedliche	Friedliche
provozieren	informieren
angreifen	ansprechen
eskalieren	diskutieren
durchsetzen	verhandeln, vereinbaren

Bei beiden Machtmitteln handelt es sich um Kampfformen. Auch mit friedlichen Mitteln kann gekämpft werden.

Voraussetzung für Ihre Machtkompetenz ist, dass Sie sowohl friedliche als auch nicht friedliche Machtmittel einsetzen können. Sie allein entscheiden über die Art des Vorgehens.

Weitere Kampftechniken sind Übergriffe, Druck ausüben, beleidigen, übersehen und übergehen, drohen, Unterstellungen, absichtliche Fehlinterpretationen. Hierbei wird mit offenem Visier gekämpft. Bleibt das Visier geschlossen, hält sich der Gegner bedeckt. Er setzt passive oder verdeckte Techniken ein.

Kampftechniken

Verdeckte	Passive
Intrige	aussitzen
Fallen stellen	schweigen
auflaufen lassen	vergessen
bloßstellen	ignorieren, übergehen
abwerten	dumm stellen

Kampfansagen können auch unbewusst stattfinden. Frauen vergessen zum Beispiel oft, dass Verbesserungsvorschläge immer Kritik enthalten, die dem Gesprächspartner fehlerhaftes Verhalten unterstellt. Dazu zählen auch alle Besserwissereien, Einmischungen, Unterstützung oder Fehlinterpretationen. Wichtig ist, dass es sich um Kampfansagen handelt; ob sie unbewusst stattfinden, ist nicht interessant. Sie drücken dann einfach eine Haltung oder Einstellung aus, die der Person noch nicht bewusst geworden ist.

Deeskalationstechniken dienen dazu, die Wogen zu glätten. Es ist wichtig, die Eskalationsstufen im Auge zu behalten, damit der richtige Zeitpunkt ausgemacht wird, um bei Bedarf den geordneten Rückzug anzutreten. Jetzt geht es darum, Kompromisse zu machen, Verständnis zu zeigen, Nachzugeben, die eigenen Emotionen zurückzuhalten oder positiv zu reagieren, um andere das Gesicht wahren zu lassen.

Das Wichtigste dabei ist, dass Sie Ihr eigenes Wertesystem kennen, damit Sie mit gutem Gewissen aus Konkurrenz- und Durchsetzungssituationen gehen, in denen Sie mit Druck gearbeitet haben. Genauso gut muss es Ihnen möglich sein, selbst den Rückzug antreten zu können, um, wenn es die Situation erfordert, klein beizugeben, ohne die emotionale Kontrolle zu verlieren.

Weibliche Machttechniken sind subtil und bestehen eher aus Moralisieren, Emotionalisieren, beleidigtem Rückzug in die Opferrolle oder in der Form des Schmollens. Frauen agieren auch auf der Beziehungsebene in Form von Fürsorge, was der Bevormundung nahe kommt. Im Berufsleben sind diese Verhaltensweisen wenig tauglich. Sie sind eher rufschädigend, da Männer auf der Sachebene zu Hause sind und sie dieses Verhalten verunsichert, oder sie gewinnen den Eindruck, dass die Frau, die dieses Verhalten zeigt, nicht professionell ist.

Männer ziehen es vor, ergebnisorientiert auf der Sachebene zu argumentieren und mit Zahlen, Daten, Fakten zu jonglieren. Dabei gehen sie konzentriert und strukturiert vor, indem sie einen Aspekt erst abschließen, bevor sie mit einem neuen beginnen. Dieses Vorgehen können sie nachvollziehen, es ist klar und eindeutig. Sie lieben erkennbare Strukturen und bevorzugen es, Fünf-Wort-Sätze aneinanderzureihen, statt verschiedene Ebenen in Nebensätzen zu verschachteln.

Vielleicht haben die Hirnforscher die Begründung dafür gefunden. Ihre These besagt, dass das Männlichkeitshormon Testosteron die neuronale Vernetzung der Männerhirne verhindert. Dadurch fällt es Männern schwer, gleichzeitig zwischen mehreren Themen hin und her zu denken, ohne einzelne Themen abzuschliessen.

Beispiel:
Herbert Aschauer schildert Gesprächssituationen mit seiner wortgewaltigen aktiven Ehefrau Helen, die thematisch viele Themen in einem Gespräch anreißt und zur Diskussion stellt.

Herbert kommt es, bildlich gesprochen, so vor, als würde sie auf einem Gleis starten, dann während der Fahrt auf ein anderes wechseln und dabei noch vor und rückwärts fahren. Es ist zu viel und zu schnell, was besprochen wird. Nach einem solchen Gespräch braucht er erst mal eine Denkpause, um zu überlegen, was Helen meinte und wollte. Statt die von Helen erwartete Reaktion zu zeigen, überlegt Herbert und zieht sich zurück. Helen macht das wütend, sie deutet sein Verhalten als Verweigerung.

Wenn Frauen mit ihrer Wortgewaltigkeit in Kombination mit ihrer Multitaskingfähigkeit im Beruf ihre Anliegen so vortragen, verlieren Männer nicht den Verstand, aber das Verständnis. Allerdings deuten sie das nicht als ihr persönliches Handicap (was es ja laut Ergebnissen der Hirnforschung wäre), sondern sie werten es als Unfähigkeit von Frauen, die chaotisch und nicht in der Lage sind, Sachverhalte eindeutig und klar darzustellen.

Die Lösung für Frauen heisst KISS: *Keep it short and simple!*
Kurze Sätze, eindeutige Aussagen, strukturiertes Vortragen!

Machtkämpfe erfolgreich bestehen: Die Diamantenanalyse
Wenn Sie erfolgreich Machtkämpfe bestehen wollen, dann benötigen Sie Orientierung. Sie müssen wissen, was gespielt wird und welche Techniken Sie bei wem wirkungsvoll einsetzen können. Informationen darüber, was sich in Ihrem Team quasi unter der Decke verbirgt, erhalten Sie durch die *Diamantenanalyse*. Dabei handelt es sich (nach Jens Weidner) um eine Methode, die den Zusammenhang einer Kleingruppe aufzeigt.

Sie macht die Struktur eines Teams und das Kommunikationsverhalten sowie die Rollenaufteilung deutlich und zeigt dabei auch Ihren eigenen Status an.

Untersuchen Sie, welche der folgenden Rollen wem in Ihrem Team zugeteilt ist und welche Sie selbst einnehmen:
- *Graue Eminenz:* Sie ist die «Macht» im Hintergrund, zum Beispiel der Senior-Chef, der sporadisch anwesend ist und die Unternehmenskultur prägt. Graue Eminenzen reden wenig, sind präsent, ohne anwesend zu sein, und sehr einflussreich.
- *Anführer:* Er gilt als Klügster, Stärkster, Machtvollster, ist privilegiert, wird bewundert, und als lächelnder Sieger belegt er seine Rolle positiv.
- *Leutnants:* Sie sind die rechte Hand und der starke Arm des Anführers beziehungsweise Chefs. Der Leutnant ist sein Unterstützer und als solcher blind loyal, vermeidet kritisches Feedback, spekuliert auf Nachfolge und gibt dem Chef Support, auch bei irrationalen Thesen (Loyalitätstests).
- *Mitläufer:* Sie stellen zahlenmäßig die größte Gruppe dar und genießen den Schutz der Mächtigen, weil sie machen, was von ihnen erwartet wird. Sie scheuen Verantwortung und wollen nicht in die Kritik geraten. Sie haben ein Interesse an Gerüchten und sind vorurteilsbereit Damit zeigen sie ein «Engagement in der Bedeutungslosigkeit», gestalten inoffizielle Meetings in Pausen. Sie sind machtflexibel und arbeitskorrekt.
- *Isolierte:* Bei ihnen handelt es sich um auffällige Personen, die kaum Privilegien haben und ausgehalten werden. Obwohl sie formal Redezeit erhalten, hört niemand zu. Wenn sie sich selbst nicht zurücknehmen, werden sie abgewürgt. Einen Teil ihres Gehaltes ist «Schmerzensgeld».
- *Dyaden (Doppelpack):* Statusniedrige Kollegen stützen sich gegenseitig. Das gegenseitige Wohlwollen basiert auf Sympathie. Sie sind bedeutungslos, was das Einbringen von Ideen anbelangt.
- *Laufjunge/Laufmädchen:* Bei ihnen handelt es sich um durchsetzungsschwache und statusniedrige Mitarbeitende, die sich

durch vorauseilenden Gehorsam auszeichnen. Sie organisieren hochmotiviert Events, sind fürsorglich, selbstlos und erwarten Lob. Hilfsbereit stellen sie sich zur Verfügung und bringen in der weiblichen Variante Selbstgebackenes mit. Machtstrategisch gesehen ist ihr Verhalten katastrophal, da es als Schwäche und Geste der Unterwürfigkeit abgewertet wird im Sinne von: *They take kindness for weakness.*
Sie gelten als Servicetussis und Butlertypen. Ihnen wird keine Verantwortung übertragen. Frauen müssen darauf achten, dass ihnen das nicht passiert und sie sich nicht in diese Rolle begeben.
- *Sündenbock:* Er signalisiert Klarheit, stabilisiert die Gruppe und ist vor allem negativen Zuschreibungen ausgesetzt. Daher ist er *mobbing-* beziehungsweise *bossing*-gefährdet.

Statusanalyse: Wo stehen Sie?

Anhand dieser Rollen können Sie nun für sich herausfinden, welche Rolle Sie einnehmen und welche Kontakte Sie haben.

Übung:

Beantworten Sie für sich die folgenden Fragen:
- Welche Rolle nehme ich ein?
- Welche Rollen nehmen meine wichtigsten Mitarbeiterinnen/Kollegen/Klienten ein, mit denen ich eng und dauerhaft zusammenarbeite beziehungsweise zusammenarbeiten will?
- Wer von ihnen steht zu mir, auch bei Fehlern?
- Wer verhält sich neutral und damit unzuverlässig in Krisen?
- Wer arbeitet gegen mich und gehört zu meinen Gegnern?

«Mache zu deinem Freund die, die dir Unterstützung und Rückendeckung gewähren», sagte bereits Machiavelli. Wenn Sie nun Ihren Status verbessern wollen, um Ihre Position zu stärken, dann müssen Sie sich die richtige Unterstützung suchen.

Meiden Sie Kritiker und suchen Sie Menschen, die Sie fördern. Bevorzugen Sie «Leutnants» oder versuchen Sie «Graue Eminenzen» zu gewinnen. Bedenken Sie, auch Mächtige brauchen mächtig Anerkennung.

Ihr Ziel von nun an muss sein, sich strategisch auszurichten, und Sie dürfen Ihre Kontakte weniger nur der Sympathie oder dem Zufall überlassen. Machen Sie sich aufgrund des Ergebnisses der Diamantenanalyse klar, wie Sie sich ab jetzt hierarchisch und vom Status her höheren und einflussreicheren Kollegen oder Kolleginnen gegenüber positionieren. Sollten Sie zögern, dann fragen Sie sich: «Was hemmt mich?» (nämlich das zu tun, was die Männer schon immer taten und sich damit einen Wettbewerbsvorteil verschaffen). Folgende Fragen sind Ihnen dabei behilflich:

- Wer sind die Entscheider?
- Worauf reagieren diese positiv?
- Wie kann ich in Kontakt mit der «Grauen Eminenz» kommen?
- Wie verpacke ich meine Ideen so, dass sich Entscheider damit identifizieren können?
- Wen schätzt der Entscheider besonders?
- Sind Allianzen mit diesem möglich?

Stellen Sie Dyaden mit Erfolgreichen her!

Beziehungsanalyse
Machen Sie Inventur in Ihrem Bekanntenkreis!
- Welche Personen kennen Sie, die großen Einfluss haben und wichtige Positionen einnehmen?
- Welche Personen in Ihrem Bekanntenkreis nehmen indirekt Einfluss, indem sie wichtige Kontakte haben? Diese könnten zur Verbreitung Ihres Images beitragen.
- Welche Personen haben keinen Einfluss?

Des Weiteren lohnt es, sich Gedanken zu machen, wo, bei welchen Meetings oder Events Sie wichtige Menschen treffen und wie Sie mit ihnen Kontakt aufnehmen können.

Branding – bauen Sie Ihre «Ich»-Marke auf!

Unter Branding versteht man den Aufbau einer Marke. Mit *Personal Brand* ist der Aufbau einer Persönlichkeitsmarke, der Marke «ICH» gemeint. Um Ihr Image aufzubauen, ist Ihr Brand sehr wichtig.

Die Personalberaterin Petra Wüst beschreibt in ihrem Buch «Selfbranding für Manager» ausführlich diesen Prozess mit detaillierten Anleitungen. Sie weist darauf hin, dass es, ähnlich wie bei Markenartikeln, auch bei Personen wichtig ist, sich ein deutliches Profil zu geben. Damit wird erkennbar, für was Sie als Person stehen. Ihre Persönlichkeitsmarke hebt Sie aus der Masse so hervor, dass sich andere an Ihren Qualitäten orientieren und auf Sie verlassen können.

Marken schaffen emotionale Bindungen und Vertrauen. Nur dadurch heben Sie sich von der Masse der Mitbewerber und Mitbewerberinnen ab und werden wahrgenommen.

Der Vorteil für Sie ist, dass bei diesem Nachdenken und Arbeiten an sich selbst auch Klarheit für Sie entsteht, da Sie besser wissen, was Sie gut können und auch machen wollen.

Sie bauen sich Ihre Marke auf, indem Sie sich ein Profil anfertigen über
- Ihre Werte und Eigenschaften und
- Ihr Können und Ihre Leistungen.

Arbeiten Sie dabei Ihr Alleinstellungsmerkmal heraus, indem Sie sich zum Beispiel auch Feedback von anderen Personen geben lassen.

Ihre Markenidentität gibt Auskunft darüber, wer Sie sind. Wenn Sie sich Ihre Marke erarbeitet haben, müssen Sie diese auch vertreten. Das bedeutet, dass Sie dieser Identität treu bleiben, um sich das geschaffene Vertrauen zu erhalten. Diese Arbeit an sich selbst setzt ein gesundes Selbstbewusstsein voraus.

Ihr Markenleitbild beschreibt, was Sie tun und wie Sie es tun. Die Marke und das Image, das Sie erarbeitet haben, gilt es von jetzt ab zu kommunizieren, das heißt zu verbreiten. Hier können Sie nun wieder auf Ihre Beziehungsanalyse zurückgreifen, die anzeigt, wen Sie kennen und welche Kontakte Ihnen dabei hilfreich sein können.

Machtvolle Gedanken – Ihre mentale Programmierung

Welches Bild tragen Sie von sich in sich? Sehen Sie sich als Maus oder Pantherin, als gutmütiges Schaf oder Wölfin?

Frauen werden im Gegensatz zu Männern mit Bescheidenheitsprogrammen und Beißhemmungen auf ihre Lebensrolle vorbereitet. Das passiert ganz diskret mit Sprüchen, mit denen schon die Mütter domestiziert wurden. Oft finden sie sich in Sprüchen des Poesiealbums oder werden klammheimlich als Wertekanon in Märchen und anderen Medien vermittelt.

Welches sind Ihre Glaubenssätze?

Überprüfen Sie sich selbst. Wie reden Sie mit sich, wenn Ihnen etwas schiefgelaufen ist, wenn Sie unter Druck sind oder sich ärgern? Ihr innerer Monolog gibt Ihnen Aufschluss über Ihr Selbstbild und Ihre Programme.

Programmierungen müssen kein Schicksal bleiben. Wenn Sie Ihre Programme erkannt haben, lassen sie sich verändern. Verlassen Sie diese ausgetretenen Pfade und begeben Sie sich auf die Strasse des Erfolgs. Artig war gut, jetzt gilt es, großartig zu sein, denn im Konkurrenzkampf gewinnen nur die Besten.

Eng damit verbunden ist die Frage nach Ihrer Einstellung zur Aggression. Ist Aggression für Sie grundsätzlich eine positive Eigenschaft? Ohne Aggression können Sie keine Ziele erreichen und sich nicht im Machtkampf durchsetzen. Mit der Aggression verhält es sich wie bei einem Messer. Sie können damit Speisen zubereiten oder auch Menschen töten. Also, pflegen Sie Ihre aggressiven Anteile und lenken Sie sie auf die Aufgaben, die getan werden müssen. Pflegen Sie Ihren inneren Monolog zur Vergrößerung Ihrer Präsenz, indem Sie sich die Erlaubnis geben, sich abzugrenzen und sich durchzusetzen. Fragen Sie erst in zweiter Linie nach Ihrer Akzeptanz bei anderen und richten Sie sich zunächst an Ihrer Selbstverpflichtung aus.

Übung:
- Stellen Sie sich folgende Fragen:
- Welche Ziele und Werte sind Ihnen wichtig?
- Welchen Preis sind Sie bereit, dafür zu bezahlen?
- Welche Erlauber können Sie sich geben, um sich ohne schlechtes Gewissen durchzusetzen?

Der Erfolgsweg ist eine Gratwanderung zwischen Anpassung und Selbstbehauptung. Bei allem Stärkeverhalten sollten Sie auch Ihre größte Angst anschauen.
- Welches ist Ihre Angstfrage und welches Verhalten würde Sie am meisten verletzen?

Siegfried, der Nibelungenheld, kannte seine wunde Stelle. Hätte er sie niemandem mitgeteilt, wäre er unverwundet geblieben.

Standing – Machttechniken einsetzen

Wenn Sie sich mit Ihrem Profil in einer Organisation deutlich wahrnehmbar einbringen, ist es so, als würden Sie den Fehdehandschuh in den Ring werfen. Die Konkurrenz ist hellwach und wird sich mit Ihnen messen wollen. Das bedeutet, dass Sie Stehvermögen zeigen müssen – neudeutsch *standing*. Folgende Fähigkeiten sind dazu Voraussetzung:

- *Souveränität:* Ziele klar vor Augen haben und Strategien zur Durchsetzung kennen.
- *Flexibilität:* Wenn ein Weg nicht funktioniert, dann neue Wege finden – keinesfalls vom Weg abbringen lassen.
- *Durchsetzungsstärke und Belastbarkeit:* Spannungen aushalten können.
- *Bedeckt halten:* Unsicherheitszonen entwickeln, um nicht berechenbar zu sein, dennoch Zuverlässigkeit dem Team gegenüber zeigen.

Das Ausüben von Machtkompetenz erfordert die Bereitschaft, sich dominant zu verhalten. Dazu müssen Sie in der Lage sein, sich selbst darzustellen und sich immer wieder hervorzuheben, denn das Motto lautet: «Eigenlob *stimmt!*» Die Kunst für Frauen dabei ist, sich stark genug darzustellen, um bemerkt zu werden, aber nicht so stark, dass sie abgelehnt und als herrisch abqualifiziert werden.

Unbeliebt zu sein darf keine Belastung für Sie darstellen.

Gerade wenn Sie sich risikobereit und konfrontationstüchtig durchsetzen, darf die Fähigkeit, sich intuitiv in Menschen und Situationen einzufühlen, um die richtigen Strategien anzusetzen, nicht fehlen. All das sind Tugenden, die den Frauen nicht mit in die Wiege gelegt wurden, die aber trainierbar sind. Voraussetzung dafür ist, dass das Mentalprogramm es zulässt.

Ressourcen

Erfolg verbraucht Kraft und braucht Unterstützung. Zunächst einmal im persönlichen Bereich. So ist es zum Beispiel wichtig, sich eine persönliche Umgebung zu schaffen, die erfolgsfördernd statt erfolgshemmend ist. Traditionell beinhaltete der Erfolgscode für Männer, dass ihre Frauen die Familienarbeit übernehmen, was für die Frauen meist die Aufgabe ihres beruflichen Engagements voraussetzte. Über diese Selbstverständlichkeit muss im Allgemeinen nie diskutiert werden. Vielmehr stehen Frauen im Rechtfertigungszwang, wenn sie diesen für sie langfristig sehr riskanten Schritt der sozialen und finanziellen Benachteiligung nicht akzeptieren wollen.

Umgekehrt wird diese Frage Männern weniger gestellt, wenn ihre Frauen Erfolgs- und Machtpositionen einnehmen wollen. Es ist geradezu unpassend, wenn Männer denselben Rollenwechsel vollziehen, der Frauen selbstverständlich abverlangt wird.

Frauen, die Beruf und Familie vereinbaren wollen, sind darauf angewiesen, dass sie ein wohlwollendes Umfeld haben oder es sich schaffen. Sie brauchen zumindest einen Partner, der sie unterstützt und, wie in den skandinavischen Ländern vorgelebt, auch traditionell weibliche Rollen einvernehmlich oder selbstverständlich übernimmt. Durchaus förderlich ist es, wenn Eltern oder dem Freundeskreis Rabenmuttergedanken fremd sind. Bereits die wohlwollende Atmosphäre wirkt fördernd und damit motivierend und unterstützend. Erfolg ohne Rückhalt im persönlichen Umfeld ist beruflicher und sozialer Selbstmord!

Wenn das Erfolgsziel erreicht ist, gilt es, dieses Ziel abzusichern. Ab jetzt brauchen Sie Strategien, die dem eigenen Machterhalt dienen.

Zusammenfassung

Die mentale Programmierung hat zwei Ausrichtungen. Zunächst ist es wichtig zu erkennen, welche Werte und Programme unbewusst wirksam sind:
- An welchen Vorbildern orientiere ich mich?
- Welche Werte bestimmen mein Verhalten?

Zum anderen kommt es darauf an, sich der eigenen Interessen bewusst zu sein. Das bedeutet, sich ein paar essenzielle Fragen zu stellen:
- Was will ich wirklich?
- Welche Lebensprioritäten habe ich?

- Bin ich bereit, den Preis dafür zu bezahlen?
- Welche Erlauber gebe ich mir?

Tipp:
- Lösen Sie sich von Ihren einschränkenden Mentalprogrammen.
- Geben Sie sich Erlauber und ermächtigen Sie sich!
- Machen Sie sich ein positives Zukunftsbild von sich und Ihren Zielen, stellen Sie sich in fünf oder zehn Jahren vor!
- Überprüfen Sie das Gefühl, das bei Ihnen dabei aufkommt.
- Ist es positiv, dann entwickeln Sie Ihren Plan.
- Melden sich kritische oder ängstliche Gefühle, dann gehen Sie ihnen nach mit der Frage: «Was hindert mich derzeit daran, das zu tun?»
- Geben Sie sich ein Arbeits- und Lebensmotto zum Beispiel: «Ich haP biR.» Dieses Kürzel bedeutet: «Ich habe die Pflicht», zum Beispiel in der Form der Selbstverpflichtung, oder «Ich bin durch die Position ermächtigt» und «Ich bin im Recht», wenn ich Übergriffe abwehre oder mich durchsetze.

Der Sonnenkönig erlaubte sich alles mit dem Erlauber: «L'Etat, c'est moi» – kurz und bündig: «Der Staat bin ich.» Probieren Sie Ihre Erlauber aus und spielen Sie doch auch mal die Sonnenkönigin!

9

Empowerment – alles, was Sie stark macht

Ihr Wissen

1. Die Organisation
Unabdingbar ist es zunächst, die beschriebenen Strukturen zu kennen und sich organisationsintelligent zu verhalten. Diese Eigenschaften sind schließlich ausschlaggebend dafür, ob frau Akzeptanz findet und damit auch die erbrachte Leistung anerkannt bekommt. Frauen brauchen Orientierung in einem System, das verdeckte Regeln und feste Rituale voraussetzt.

Wenn diese Basics funktionieren, dann gilt es persönliche Voraussetzungen zu trainieren, die zum einen das Image, zum anderen das Standing, also Stehvermögen, ausbilden.

2. Persönliche Voraussetzungen
Zielorientierung
- Am Anfang steht der Wille: Welche Position will ich einnehmen? Was muss ich dafür tun?
- Welchen Preis bin ich bereit zu bezahlen? Der Preis bezieht sich hier auf Werte, die verändert werden, den Zeitaufwand und die Vorstellung davon, wie das Leben verlaufen soll.

3. Selbstsicherheit
Definieren Sie für sich, wer Sie sind, welche Stärken Sie haben und welche Ziele Ihnen – privat und beruflich – wichtig sind.

Hier geht es um Klarheit darüber, welche Rollen Sie einnehmen, Ihre Rollenbewusstheit, genauso wie um Ihre Bühnenpräsenz: Wo und wie trete ich auf?

Wie ist mein Image und was muss ich dazu beitragen? Wie will ich wahrgenommen werden?

Wofür stehe ich? Was ist mein Markenzeichen, mein Brand?

4. Ihre Energiequellen
Klären Sie Ihre Ressourcen: Welche Fähigkeiten machen Sie stark? Wie gehen Sie mit Belastungen um, wie gut können Sie sich durchsetzen und auf welche Quellen greifen Sie in schwierigen Situationen zurück? Quellen in diesem Sinne können Menschen sein oder auch Rituale oder Orte, wo Sie sich aufbauen beziehungsweise austauschen können.

Ihre Strategien

Um Ziele zu verwirklichen, braucht man einen Plan, der das Vorgehen festlegt. Strategien sind Pläne über das Wie, Wann, Womit und das Mit-wem oder Gegen-wen.

Es gibt offensive und verdeckte Strategien.

Bei *offensiven Strategien* gehen Sie direkt vor. Sie geben Ihre Ziele vor und fordern, dass sie erreicht werden, beziehungsweise sorgen dafür, dass Sie sich mit Ihren Zielen durchsetzen.

Voraussetzung ist, dass Sie mit Macht ausgestattet sind oder sich selbst durch Verbündete ermächtigt haben. Hier ist es wichtig, sich der Unterstützung von Vorgesetzten oder «grauen Eminenzen» sicher zu sein.

Bei offensiven Strategien sind Sie selbst konfrontativ, treffen souverän Ihre Entscheidungen und grenzen sich deutlich ab. Sie sind so offensiv, dass deutlich wahrnehmbar ist, welche Absichten Sie haben. Persönliche Voraussetzungen sind Fähigkeiten wie Standing, Belastbarkeit und Souveränität und die Fähigkeit, aggressiv-dominantes Verhalten einzusetzen.

Defensive Strategien fallen nicht sofort als aggressives Verhalten auf, weil sie indirekte Vorgehensweisen sind. Dabei handelt es sich um passiven Widerstand. Dazu gehören aussitzen, übergehen und überhören, vergessen, verzögern und verumständlichen, sich dumm oder naiv stellen, letztendlich alle Formen des passiven Verweigerns. Mit diesem Verhalten ist oft noch die Erklärung verbunden, die anderen die Verantwortung zuschiebt, um selbst nicht als Täterin entlarvt zu werden.

Strategien, um Aufmerksamkeit zu erhalten

Männer machen mit verschiedensten Methoden auf sich aufmerksam. Durch häufige Präsenz erwerben sie den Platzhirschstatus. Damit sichern sie sich das Sagen im eigenen Revier.

Sichtbarkeit beziehungsweise Hörbarkeit wird erreicht durch zu spät kommen, früher gehen, wertlose Wortmeldungen und lange Beiträge in Diskussionen. Lautstärke, selbstbewusstes Auftreten und störende Sitzrituale sind ebenso angesagt wie rituelles Streiten mit Kollegen. Karriere ist, wie Sie inzwischen wissen, «ein bisschen Sein, Schein und Schwein». Ob Sie selbst von diesen Methoden Gebrauch machen, sei Ihnen überlassen. Sie müssen immer damit rechnen, dass diese Methoden Ihnen gegenüber zur Anwendung gelangen.

Das einzige Ziel, das dabei erreicht wird, ist das Wahrgenommenwerden. Also gilt es, sich sichtbar zu machen, den Schein herzustellen, und das gelingt auch mit Bluffen. Man darf sich dabei nicht erwischen lassen, und wenn doch, brauchen Sie eine plausible Erklärung für Ihr Verhalten. Diese kann banal sein, denn man kennt das Spiel.

Für Frauen ist es wichtig zu wissen, wer sich in wessen Revier befindet. Wenn Sie selbst Revierinhaberin sind, gilt es Übergriffe abzuwehren und sich deutlich abzugrenzen. Höflichkeitsrituale und beziehungsorientierte Kommunikation würden die Botschaft verwässern. Hier sind Eindeutigkeiten angebracht.

Wenn Sie wahrgenommen werden wollen, braucht es ebenfalls «laute» oder offensive Strategien. Frauen sind gut beraten, auch ihre Intuition zu gebrauchen, weil sie Männer nicht einfach kopieren können. Viele Verhaltensweisen, die bei Männern wertgeschätzt sind, werden bei Frauen abgewertet.

Setzt sich ein Mann in Szene, wird er bewundert. Inszeniert sich die Frau auf dieselbe Art, ist sie eine Wichtigtuerin.

Kommt der Mann zu spät, wird dies entschuldigt, weil er wichtig ist. Frauen wird dies eher nicht nachgesehen, da man ihr unterstellt, sie sei schlecht organisiert.

Wie immer Sie sich einbringen, um Aufmerksamkeit zu erreichen, üben Sie Stehvermögen, seien Sie selbstbewusst und lassen Sie sich nicht verunsichern. Kombinieren Sie Ihre Organisationsintelligenz mit Ihrer Sozialkompetenz und schaffen Sie sich Verbindungen in Ihrem Team, allerdings so, dass Sie größtmögliche Autonomie behalten.

Mit denselben Eigenschaften der Männer zu konkurrieren, kostet Frauen zu viel Energie. Zum einen ist dieses Verhalten nicht authentisch und damit befremdlich. Zum anderen würden Männer sofort das Konkurrieren aufnehmen. Da sie Konkurrenz als attraktiv und als wertvolle Herausforderung empfinden, liegt hier eine ausgesprochene männliche Stärke.

Das bedeutet, dass die laute Konkurrenz sich nicht immer eignet. Besser und für die meisten Frauen verfügbarer sind *stille Dominanzfaktoren*. Hier sind Frauen für Männer nicht so berechenbar, außerdem ist diese Art des Konkurrierens Männern wenig vertraut, denn Geduld gilt nicht unbedingt als männliche Stärke.

Eigenschaften wie Präsenz zeigen, ganzheitliches Denken, Zielorientierung Beharrlichkeit, Aushalten, Flexibilität sowie Prioritätenklarheit und Prioritätenbeständigkeit sind auch für männliche Konkurrenten Knacknüsse. Sie werden mürbe, wenn

sie ihre Absichten nicht schnell von Erfolg gekrönt erleben. Nutzen Sie diese Schwäche aus, denn Geduld ist eine weibliche Stärke, vor allem in Kombination mit Zielorientierung und Selbstvertrauen. Allerdings kann auf Verhaltensweisen wie Durchsetzungs- und Abgrenzungsstrategien nicht verzichtet werden. Persönliche Voraussetzungen dafür sind
- souveränes Mentalprogramm,
- Ziele und Prioritätenklarheit,
- Systemintelligenz,
- Machtkompetenz,
- Branding und
- Standing: Zuverlässigkeit und Unberechenbarkeit, um Unsicherheitszonen zu schaffen.

Strategien des Bedeckthaltens

Was sich wie ein Widerspruch anhört, zuverlässig und gleichzeitig unberechenbar zu sein, lässt sich leicht erklären. Zuverlässigkeit ist die Eigenschaft, die gegenüber dem Chef und den eigenen Mitarbeitern unerlässlich ist. Konkurrenten gegenüber schaffen Sie Unsicherheitszonen, um nicht berechenbar zu sein. Wer berechenbar ist, kann mit angemessenen Strategien leicht aus dem Wettkampf verdrängt werden.

Dazu ist für Frauen auch wichtig, sich Gedanken über den Umgang mit ihrer Authentizität zu machen. Sie gilt als wichtige Voraussetzung, um überzeugend und stark aufzutreten, und ist bei Frauen auch mit dem für sie wichtigen Wert Offenheit verbunden. Authentizität macht aber auch berechenbar. Klären Sie daher von vornherein ab, wer Anspruch auf Ihr authentisches Verhalten hat und in welchen Situationen und gegenüber welchen Personen Sie sich bedeckt halten, indem Sie sich nicht offen verhalten. Es gilt zu schweigen oder auch Werte zu vertreten, die sich am Ziel orientieren und weniger die eigenen darstellen. Authentizität ist eine Stärke, aber nur, wenn Sie souverän damit umgehen und keinem Authentizitätszwang unterliegen.

Beispiel:
Merith ist Pressesprecherin und hat den Auftrag, eine Bank in der Öffentlichkeit positiv darzustellen, aber auch Mitteilungen nach außen weiterzuleiten.

Als sie ihre Stelle antritt, wird sie schnell beeinflusst, endlich offenzulegen, was hier intern nicht alles stimmt. Merith hat sich an die Arbeit gemacht und wurde nach wenigen Monaten gekündigt. Ihre Aufgabe wäre gewesen, die Schwächen des Systems positiv zu verkaufen. Pressesprecherinnen können selten tun oder sagen, was für sie authentisch ist. In ihrer Rolle vermitteln sie das, wozu sie den Auftrag haben. In dieser Situation gilt es, flexibel mit der persönlichen Authentizität umzugehen und zu fragen: «Welches Verhalten verlangt meine Rolle oder mein Auftrag?»

Strategien der Durchsetzung

Da sich in den Topetagen nahezu 90 Prozent Männer befinden, orientieren sich die Verhaltensweisen an männlichen Werten. Klares Ziel ist, sich durchzusetzen und zu gewinnen, um Erfolg zu haben. Und da kann auch ein «bisschen Schwein» zum Einsatz kommen. Männer wollen gewinnen, Frauen wollen fair sein und gewinnen. Männer sind fair, nachdem sie gewonnen haben. Es handelt sich um eine Frage der Prioritäten.

- Was ist Ihr Ziel?
- Welche Mittel bringen Sie ein, um Ihr Ziel zu erreichen?
- Wen haben Sie von vornherein für Ihre Interessen gewonnen?

Die besten Mittel sind die, die am wirksamsten sind, schnell zum Ziel führen und wenig Energie verbrauchen.

Dazu gehört auch Druck auszuüben, Lust an der Dominanz zu entwickeln und Distanz auszuhalten. Ihre Durchsetzungsfähigkeit wächst, indem Ihre Bedürftigkeit nach Akzeptanz schwindet.

Strategien, die Sie durchschauen müssen
Um Konkurrenten auszubremsen oder sie zu schwächen oder sich selbst Wettbewerbsvorteile zu verschaffen, wird häufig folgende Methode angewandt: Es werden Aufgaben verteilt, die nicht zu lösen oder mengenmäßig nicht zu bewältigen sind.

Mit derartigen Aufgaben werden Mitarbeitende kleingemacht, die vieles besser wissen und kritisieren. Zunächst machen sie nun die Erfahrung, dass sie die Arbeit nicht schaffen oder mit der Lösung des Problems nicht vorankommen. Dafür werden sie kritisiert, und auf die Dauer haben sie keine Erfolgserlebnisse, was ihr Selbstwertgefühl schwächt.

Beispiel:
Gerlinde hatte Konflikte mit ihren Vorgesetzten und beschwerte sich über sie, was die Chefs dazu veranlasste, sie loswerden zu wollen – was in der Verwaltung nicht ganz einfach ist. Sie erhielt einen schwierigen Auftrag, den sie nicht lösen konnte. Gerlinde konnte diese Arbeit einfach nicht fertigstellen und abliefern. Außerdem wurde sie mit anderen Aufträgen reichlich eingedeckt, die sie auch nicht erledigen konnte. Dadurch konnte ihre Leistung kritisiert werden. Gerlinde wurde krank und zog sich zurück. Sie wollte nur noch eines: frühzeitig in Rente gehen.

Um Mitbewerbende oder Kollegen zu schwächen und sich selbst gut darzustellen, ist die 3-Prozent-Methode geeignet. Man konzentriert sich bei guten Mitarbeitern nicht auf das Positive, selbst dann nicht, wenn es 97 Prozent der Leistung ausmacht, sondern sucht das Haar in der Suppe oder erfindet es beziehungsweise wirft es selbst hinein. Während man sich auf die wenigen Defizite stürzt und diese groß herausstellt, kann der Kritiker sich selbst positiv positionieren. Bei dieser Strategie ist es wichtig zu erkennen, dass hier ein Gegenspieler am Werk ist, der nur kontrolliert werden kann, indem man selbst bessere Kontakte zu Entscheidern oder ein machtvolles Netzwerk hat.

Beispiel:
In einem Verband wurde nach einer jungen, innovativen Mitarbeiterin gesucht, die durch Kreativität und neues Wissen Pep in die Organisation bringen sollte. Sarah, Ingenieurin und Berufsanfängerin, nahm diese Stelle an. Die Kollegen waren überwiegend Männer, älter als 50 und hatten keine Lust auf Veränderungen. Das Engagement von Sarah war nicht willkommen, und sie war irritiert und demotiviert. Schon bald galt sie als Außenseiterin. Sarah hielt durch und schaffte es mit der Zeit, Leute für sich zu gewinnen und diese zu motivieren.

Hier handelte es sich um die *Innovationsfalle*. Innovationen finden oft keine Resonanz bei den Mitarbeitenden, da diese Mehrarbeit damit verbinden und lieb gewonnene Gewohnheiten aufgeben müssen. Erwarten Sie keine Akzeptanz oder Dank, wenn Sie einen solchen Auftrag bekommen. Sichern Sie sich in diesem Fall nach oben ab und weisen Sie die Protektion und das große Interesse des Vorgesetzten nach. Innovation und Kreativität bedrohen lieb gewonnene Gewohnheiten, die die Arbeit erschweren, ohne dafür mehr Geld zu bekommen – so lässt sich der Widerstand der Kolleginnen und Kollegen begründen.

Win-win-Situationen in Verhandlungen statt Durchsetzung eigener Interessen

Wenn in Dominanzhierarchien verhandelt wird, ist damit zu rechnen, dass sich diese Hierarchieform auch im Ergebnis zeigt. Frauen neigen dazu, Kompromisse zu finden, die im Sinne einer Win-win-Situation beiden Parteien entgegenkommen. Tatsächlich sind Win-win-Kompromisse gute Ergebnisse, die die Kooperation fördern.

Wenn Sie sich als Frau in Verhandlungssituationen mit dominanten Männern befinden, dürfen Sie davon ausgehen, dass diese Verhandlungspartner auch aus der Win-win-Situation dominant hervorgehen wollen oder müssen. Da diese sich bedeckt geben und «die Hosen nicht runterlassen», ist es wichtig, dass Sie nicht mit einem fairen Kompromiss rechnen. Sie müssen, wenn Ihre Einschätzung diese Annahme bestätigt, forscher fordern, als Sie das normalerweise tun würden. Denken Sie daran, der andere will mehr, als er zugibt. Gehen Sie über Ihre Komfortzone hinaus bis an Ihre Grenze und schauen Sie, was passiert. Rechnen Sie nicht unbedingt mit Fairness, das ist kein Wert, mit dem Mann sich in Dominanzhierarchien durchsetzt.

Zusammenfassung

Ihre 10 Gebote für den Umgang mit Macht
1. Sie nehmen sich Zeit, um das System und seine Regeln zu durchschauen.
2. Sie sind auch bei inoffiziellen Treffen präsent; Sie beobachten, hören gut zu, halten sich zurück.
3. Sie kennen Ihr Ziel und erforschen, was andere wollen.
4. Sie meiden die Beliebtheitsfalle und verschaffen sich Achtung und Beachtung dort, wo Ihre Bühnen sind.
5. Sie kommunizieren sachlich, kompetent, auch per Dresscode.
6. Sie sind gut vorbereitet und verfügen über Strategien der Durchsetzung, Abgrenzung, Eskalation und Deeskalation.
7. Ihr «kaiserliches» Verhandlungsgeschick verschafft Ihnen Respekt.
8. Sie sind loyal zu Vorgesetzten, zuverlässig bei Ihren Aufgaben und unberechenbar im Verhalten Konkurrenten gegenüber, denn Sie können NEIN sagen.
9. Sie unterscheiden zwischen gelebter und eingebrachter Authentizität.
10. Sie berechnen die Konsequenzen Ihrer Interventionen und übernehmen dafür die Verantwortung.

7 Irrtümer von Frauen
- Männer sind stark.
- Männer sind unsensibel.
- Authentizität ist Stärke.
- Offenheit ist eine Stärke.
- Leistung ist ein wesentliches Erfolgskriterium.
- Win-win-Situationen sind anzustreben.
- Beziehungsorientierung ist ein Vorteil.

Last but not least:

Denken Sie auf Ihrem Weg zum Erfolg immer an die Aussage von Peter Noll in seinem Buch «Der kleine Machiavelli»:

«Das Powerplay hat etwas von der Vornehmheit des Schachspiels: Der König wird matt gesetzt, nie gefressen!»

Bibliografie

Asgodom, Sabine: Eigenlob stimmt. Düsseldorf 1996.
Bauer-Jelinek, Christine: Die geheimen Spielregeln der Macht. Salzburg 2007.
Bodenheimer, Aron R.: Warum? Von der Obszönität des Fragens. Stuttgart 2004.
Chamberlain, Sigrid: Adolf Hitler, die deutsche Mutter und ihr erstes Kind. Gießen 2003.
Euskirchen, Markus: Militärritual. Köln 2005.
Girsberger,Esther: Abgewählt. Zürich 2004.
Goodman, Ellen in: *Pia Stroom (Hg.):* 365 freche Sprüche für beherzte Frauen. Stuttgart/Zürich 2002.
Gracián, Baltasar: Hand-Orakel und Kunst der Weltklugheit. Zürich 2006.
Heim, Pat/Golant, Susan K.: Frauen lernen fighten. München 1995.
Kreissel, Reinhard: Die ewige Zweite. München 2000.
Küng, Zita: Was wird hier eigentlich gespielt? Heidelberg 2005.
Ley, Ulrike/Michalik,Regina: Karrierestrategien für freche Frauen. Neue Spielregeln für Konkurrenz- und Konfliktsituationen. Frankfurt 2005.
Lürssen, Jürgen: Die heimlichen Spielregeln der Macht. München 2004.
Mankin, L.H.: In Defence of Man, o.O. 1929. In: *Schwanitz, Dieter:* Männer. Eine Spezies wird besichtigt. Frankfurt 2001.
Moss Kanter, Rosabeth (1977) in *Müller, Ursula:* Zwischen Licht und Grauzone: Frauen in Führungspositionen. Arbeit, Heft 2, Jg. 8 (1999), S. 137–161.
Noll, Peter/Bachmann, Hans Rudolf: Der kleine Machiavelli. Zürich 1989.
Pfeiffer/Ditko: Frauen, die Karriere machen. München 2001.
Pollack, William F.: Richtige Jungen. Bern 1998.
Schäfer, Georg: Kleine Philosophie des Erfolgs. Stuttgart 2001.
Schulz von Thun, Friedemann: Miteinander reden. Hamburg 2003.
Schwanitz, Dietrich: Männer, eine Spezies wird besichtigt. München 2003.
Schwarz, Aljoscha A./Schweppe, Ronald P.: Praxisbuch NLP. München o. Jg.
Stednitz, Ulrike: Sprengen Sie den Rahmen. Zürich 2003.
Tiger, Lionel, in: *Seifert, Ruth:* Gewaltförmige Konflikte: Ursachen, Verlauf und Lösungsansätze im Licht der Geschlechterverhältnisse. Heinrich Böll Stiftung. Berlin, Mai 2006.
Topf, Cornelia/Gawrich, Rolf: Das Führungsbuch für freche Frauen. Frankfurt 2005.
Weber, Max in: *Lürssen, Jürgen:* Die heimlichen Spielregeln der Karriere. München 2004.
Weidner, Jens: Die Peperoni Strategie. Frankfurt 2005.
Wüst, Petra: Selfbranding für Manager. Zürich 2006.

Dank

Als Frau ein Buch über Männlichkeitskonzepte zu schreiben, scheint anmaßend zu sein. Ich wagte es mit dem Ziel, Missverständnisse auszuräumen. Es ist mir wichtig zu erkennen, wie Systeme unser Menschenbild prägen, und zu unterscheiden zwischen systembedingtem und persönlichem Verhalten. Männer und Frauen unterliegen dem patriarchalen System. Beide verletzen und werden verletzt.

Dass mir bei der Bearbeitung ein männlicher Lektor, Bernd Zocher, zur Seite stand, ist ein gutes Konzept. Ich fühle mich von ihm begleitet und danke ihm für seine Bereitschaft, mich bei diesem Thema engagiert zu ergänzen. Austausch entsteht durch Offenheit und Vertrauen. Dadurch sind Korrekturen auch bei sich selbst möglich. Ich danke meinen Freundinnen und Freunden, sowie allen Frauen und Männern für die persönlichen Gespräche.

Allensbach, im Januar 2008
Maria Hof-Glatz